Messengers of Rain

Poems from Latin America

Selected by

Claudia M. Lee

ILLUSTRATIONS BY

Rafael Yockteng

TRANSLATIONS BY

Beatriz Hausner, Andrew C. Leone,
Sue Oringel and David Unger

Contenido

Mandaderos de la lluvia | Messengers of Rain

GROUNDWOOD BOOKS / LIBROS TIGRILLO
HOUSE OF ANANSI PRESS
TORONTO   BERKELEY

Mandaderos de la lluvia

Poemas de América Latina

Seleccionados por

Claudia M. Lee

ILUSTRACIONES POR

Rafael Yockteng

Contents

LAS CULTURAS de América Latina están unidas por la herencia del idioma caste-
llano, aunque no sea éste el lenguaje de todos los latinoamericanos. Compar-
timos también un territorio largo y ancho cuya geografía es una continuidad
de montañas, valles, ríos, desiertos, selvas, ciudades, mares y llanos, que resalta
nuestras diferencias culturales y que, en gran medida, las ha forjado. Estas di-
vergencias han hecho que nuestra colección de poemas sea como una cobija de
retazos, hilados con ecos de poetas nativos que hablan con la naturaleza y con
voces que cuentan las historias de los habitantes de las ciudades antiguas y de las
nuevas.

Estas palabras atraviesan los puentes que separan y unen a las culturas; por
eso descubren nuestro afán por entender la vida y por buscar esa paz, escurridiza
y distante, que nos ha eludido ya por más de cinco siglos. Esta antología está
dedicada a los jóvenes y a todos los que conservan un espíritu de aventura y un
deseo de arreglarlo todo. Palabra por palabra, los poetas recuperan un momento,
comparten un sentir o cuentan una historia para enseñar a los jóvenes y despertar
sus sueños. Hoy no es distinto soñar, una palabra es un intersticio por donde se
cuela un amanecer, un silencio o un universo soñado. Esperamos, pues, que todos los jóvenes, con su frescura para ver y apreciar las cosas, encuentren en estas
palabras los ecos de esos mundos y la inspiración para soñar los suyos propios.

Esta selección incluye poemas de 19 países de América Latina. Es una pequeña
muestra de las corrientes literarias que nacieron y evolucionaron en el siglo XX,
representadas por algunos poetas considerados clásicos dentro y fuera de nuestras
culturas, además de algunas voces de mujeres y hombres que, aunque han sido
fuerza renovadora e inspiradora de nuestra literatura, no son tan conocidas.

Aunque la búsqueda de los poetas no fue fácil, ya que las mujeres y los indígenas no han tenido la misma oportunidad de escribir y publicar que los hombres,
seleccionar los poemas fue una tarea sencilla. Consciente de que la antología
está dedicada a jóvenes lectores escogí textos con un lenguaje simple y directo.
También los seleccioné buscando compartir los pensamientos y sentimientos de
nuestras culturas. Surgieron, en la antología, temas como la magia y el humor,
que presentan una manera singular de ver la vida y de resolver los problemas,
grandes y pequeños; como diría mi madre, "esa capacidad innata que tenemos
de convertir las tragedias en comedias". Sin pretender ilustrar ningún punto de
vista, ni visión política alguna, una parte importante de esta antología encierra
imágenes de nuestras luchas por la libertad, mientras que otros poemas reflejan
la tradición de respeto y contemplación de la naturaleza. Finalmente, están
aquellos que muestran la complejidad de las culturas indígenas dentro de nuestro
territorio y los cantos y rondas de la tradición oral.

Claudia M. Lee

INTRODUCTION

THE CULTURES of Latin America are united by the heritage of the Castilian language, even though it is not a language common to all. We share a wide-ranging geography of mountains, valleys, rivers, deserts, jungles, cities, seas and plains that have also shaped us. Our poetry, like a quilt, is stitched together by the voices of native poets who speak of nature and animals, and poets who tell stories about people of many colors who inhabit new and old cities and who cross the bridges that separate and unite them. The words of our poets reveal a desire to understand life and a quest for peace that has eluded us for more than five centuries.

This anthology is dedicated to young people and all those who have adventurous spirits and the desire to make things better. Word by word, poets evoke a dawn, a silence or a dream universe. They recall a moment, share a feeling or tell a story, and with each word they teach the young and spark their aspirations. I hope that young people, with their natural eagerness to see and appreciate the world, find in these poems echoes of the magical moments in the universe and the inspiration to dream their own.

This selection includes poems from nineteen Latin American countries. It is a small sample of the twentieth century and represents classic poets from our culture, as well as some lesser-known voices of women and men who write with refreshing and inspiring vitality.

Finding the poets was sometimes challenging, especially the women and indigenous authors who are less widely published, but selecting the poems themselves was an easy task. Given that the anthology is dedicated to young readers, I sought out poems written in simple and direct language. I also wanted to share thoughts and feelings from our cultures. Themes such as magic and humor began to emerge from the poems, exhibiting a way of seeing life and solving problems, big and small. As my mother would say, "We have an innate ability to turn tragedy into comedy." With no intention of illustrating any particular point of view or political inclination, this collection reflects our struggle for liberty and justice, as well as the tradition of respect for and contemplation of nature. Finally, some poems show the complexity of the indigenous cultures in Latin America; others come from the songs and playground chants that belong to our oral tradition.

Claudia M. Lee

Cantos y arrullos de nuestra tradición

Traditional Songs and Cooings

TRANSLATIONS BY
Beatriz Hausner

ARROZ COM LEITE

Tradicional
BRASIL

Arroz com leite,
quero brincár
com uma das meninas
do meu coracão.

Que saiba ler,
que saiba escrever,
que saiba abrir a porta,
para eu entrá(r).

Com esta, sim.
Com esta, não.
Com uma das meninas
do meu coracão.

ARROZ CON LECHE

Tradicional
LATINOAMERICANO

Arroz con leche
me quiero casar
con una señorita
de la capital.

Que sepa leer,
que sepa escribir,
que sepa abrir la puerta
para entrar y salir.

Con ésta sí,
con ésta no,
con esta señorita
me casaré yo.

Brincadeiras Cantadas. Editora Kuarup, Porto Alegre, Brasil, 1973.

RICE PUDDING

Traditional
BRAZIL AND LATIN AMERICA

Rice pudding is sweet,
but my greatest wish is
to marry the girl
who will steal my heart.

She will be a good reader,
she will spell the words right,
she will open the gates
for all to go out and play.

Will it be this one?
Will it be that one?
I choose this one for
she has stolen my heart.

Brincadeiras Cantadas. Editora Kuarup, Porto Alegre, Brazil, 1973.

CANCIÓN

Teresa Crespo de Salvador
ECUADOR

A mi hija María Isabel

Caracolita rosada,
flor del mar,
mi niña quiere robarte
tu cantar.

Abeja, rubia hechicera
de la miel,
mi niña quiere aprenderse
tu vaivén.

Nieto negro de la luna,
capulí,
mi niña quiere probarte,
baja aquí.

Luciérnaga, tierna hermana
del farol,
mi niña quiere dormirse,
apaga el sol.

Colibrí, dulce retoño
del bambú,
mi niña ya se ha dormido,
vélale tú.

Escuela y poesía. Cooperativa Editorial Magisterio, Bogotá, Colombia, 1997.

SONG

Teresa Crespo de Salvador
ECUADOR

To my daughter María Isabel

Little pink shell,
sea flower,
my little girl wants
your song for herself.

Little blond bee,
you who makes magic with honey,
my little girl wants
to learn to swing as you do.

Dark little one of the moon,
grasshopper friend,
my little girl wants
to share your sweets.

Firefly, gentle sister
of the streetlamp,
my little girl wants to sleep now,
please put out your sun.

Hummingbird sweet,
shoot of the bamboo reed,
my little girl is now asleep.
Watch over her dreams.

Escuela y poesía. Cooperativa Editorial Magisterio, Bogotá, Colombia, 1997.

DAME LA MANO

Gabriela Mistral
CHILE

Dame la mano y danzaremos;
dame la mano y me amarás.

Como una sola flor seremos,
como una flor, y nada más…

El mismo verso cantaremos,
al mismo paso bailarás.
Como una espiga ondularemos
como una espiga, y nada más…

Te llamas Rosa, y yo Esperanza;
pero tu nombre olvidarás,
porque seremos una danza
en la colina, y nada más…

Lectura y comunicación. Santillana, San Juan, Puerto Rico, 1997.

GIVE ME YOUR HAND

Gabriela Mistral
CHILE

Give me your hand so we may dance together
give me your hand so you will love me

We will be like a single flower
a single flower, that's all...

We will sing the same song,
we will dance to the same beat.
We will sway like a wheat sheaf
a wheat sheaf, that's all...

Your name is Rose, my name is Hope:
but your name you will forget,
as we become one with the dance
high up on the hill, that's all...

Lectura y comunicación. Santillana, San Juan, Puerto Rico, 1997.

CANCIÓN DEL CACIQUE KORUINKA

Tradicional de los araucanos
CHILE

Toda la tierra es una sola alma,
somos parte de ella.
No podrán morir nuestras almas.
Cambiar, eso sí pueden,
pero apagarse no.
Somos una sola alma,
como hay un solo mundo.

Poesía indígena de América. Arango Editores, Bogotá, Colombia, 1995.

CHIEF KORUINKA'S SONG

Araucano traditional
CHILE

The entire earth is one soul
to which we belong.
Our souls will not die.
Change they might,
go out they will not.
We are one soul,
there is just one world.

Poesía indígena de América. Arango Editores, Bogotá, Colombia, 1995.

DEL TRÓPICO

Rubén Darío
NICARAGUA

¡Qué alegre y fresca la mañanita!
Me agarra el aire por la nariz,
los perros ladran, un niño grita
y una muchacha gorda y bonita
sobre una piedra muele maíz.

Un mozo trae por un sendero
sus herramientas y su morral;
otro, con chanclas y sin sombrero,
busca una vaca con su ternero
para ordeñarla junto al corral.

Sonriendo a veces a la muchacha,
que de la piedra pasa al fogón,
un campesino de buena facha
casi en cuclillas afila un hacha,
sobre la orilla del mollejón.

Por las colinas la luz se pierde
bajo un cielo claro y sin fin.
Allí el ganado las hojas muerde
y hay en los tallos del campo verde
escarabajos de oro y carmín.

Sonando un cuerno curvo y sonoro
viene el vaquero y a plena luz
pasan las vacas y un blanco toro
con unas manchas color de oro
por los jarretes y en el testuz.

TROPIC

Rubén Darío
NICARAGUA

Such a fresh and cheerful morning!
The air grabs me by my nose,
the dogs bark, a boy shouts
a girl — round and pretty —
grinds her corn on the stone.

The farm hand walks down the path
carrying his tools, his knapsack,
while another in sandals and without a hat
looks for a cow with her calf
to milk next in the yard.

Smiling occasionally at the girl,
moving from stone to fire,
a handsome peasant boy
is on his knees sharpening
an ax on the rock where the river flows.

The light hides among the hills
under clear endless skies.
In the distance the cattle feeds
on grass that is thick and green,
crimson and gold beetles wander.

Under the bright sun and sounding
his horn, the cowboy approaches.
The cows and a white bull go by
their skin spotted with golden light
playing on the ropes around their necks.

Y la patrona, bate que bate,
se regocija con la ilusión
de una gran taza de chocolate,
que ha de pasarse por el gaznate
con las tostadas y el requesón.

Biblioteca Virtual Miguel de Cervantes, 2000.

The lady of the house stirs and stirs,
she dreams of a large
cup of hot chocolate
to pour down her throat
as she nibbles her buttered toast.

Biblioteca Virtual Miguel de Cervantes, 2000.

ORACIÓN MATUTINA AL CREADOR

Tradicional de los guaraníes
Paraguay

¡Oh, verdadero Padre, Ñamandú, el Primero!
En tu tierra el Ñamandú de gran corazón, el sol,
se alza reflejando tu gran sabiduría.
Y como tú dispusiste que nosotros,
a quienes diste arcos, nos irguiésemos,
por ello volvimos a estar erguidos.
Y por ello, palabra indestructible,
que nunca, en ningún tiempo se debilitará,
nosotros, puñado de huérfanos del paraíso,
la repetimos al levantarnos.
Por eso, seanos permitido
levantarnos repetidas veces,
¡Oh, Padre verdadero, Ñamandú, el Primero!

Poesía indígena de América. Arango Editores, Bogotá, Colombia, 1995.

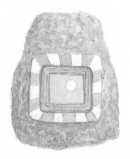

MORNING PRAYER TO THE CREATOR

Guaraní traditional
PARAGUAY

O, true Father, Ñamandú, the First!
On this your earth, Ñamandú, great heart,
the sun rises reflecting your great wisdom.
Because you ordered us, because you
gave us bow and arrow, made us rise,
we rose, walked tall once again.
Because of this, indestructible word,
word that can never be weakened,
we, a handful of paradise's orphans,
we repeat the word when we rise.
For this reason, may we be allowed
to rise many times.
O, true Father, Ñamandú, the First!

Poesía indígena de América. Arango Editores, Bogotá, Colombia, 1995.

ESTÍO

Juana de Ibarbourou
URUGUAY

Cantar del agua del río
cantar continuo y sonoro,
arriba, bosque sombrío,
y abajo arenas de oro.

Cantar... de alondra escondida
entre el obscuro pinar,
cantar... del viento entre las ramas
floridas del retamar...

Cantar de abejas
entre el repleto
tesoro del colmenar...
Cantar de la joven tahonera
que al río viene a lavar...
¡Y cantar... cantar... cantar...
de mi alma embriagada y loca
bajo la lumbre solar!

Poemas escogidos para niños. Editorial Piedra Santa, San Salvador, El Salvador, 1998.

SUMMER

Juana de Ibarbourou
URUGUAY

Song of the water, song of the river
endless song, deep-sounding song,
the forest above is dark,
the sands below are gold.

Song of the meadowlark
hidden in the cottonwood trees,
song of the wind among the branches
that bloom in the valley.

Song of the bees
inside the full treasure
of the beehive.
Song of the young baker girl
who comes to the river to wash clothes.
And song, song, song
of my soul drunk and mad
with summer's light!

Poemas escogidos para niños. Editorial Piedra Santa, San Salvador, El Salvador, 1998.

LUNITA, VEA, CORRA Y VENGA

Enrique Solano Rodríguez
PERÚ

Lunita, vea, corra y diga
a sus hijas las estrellas
que mi niña llora
por jugar
con ellas.

¡Lunita, vea, corra y venga!
con sus hijas, su tristeza esconda
que mi niña llora por jugar la ronda.

Página virtual de la poesía Lambayecana, 2000. Permiso de publicación otorgado por el autor.

LITTLE MOON, LOOK, RUN OVER HERE, COME

Enrique Solano Rodríguez
PERU

Little moon, look, run over here, tell
the stars your daughters
that my little girl is crying:
she wants to go out
to play with them.

Little moon, look, run over here, come
with your daughters, hide those tears
for my little girl is crying to play round-around.

Virtual page of poetry from Lambayeque, 2000. By permission of the author.

CUENTOS DE NIÑAS

Carolina Escobar Sarti
GUATEMALA

Acaba de nacer
entre el invierno y los encajes.

Nació pequeñita
de alas
de vuelos.

Recibió muñecas,
anillos, flores
y velos.

Le contaron los cuentos
de príncipes y hadas
y le soñaron sus sueños.

Le enseñaron recetas
le escondieron aquello
la tuvieron viviendo
caminitos estrechos.

Llegó el príncipe
en un corcel negro
y la llevó al castillo
de sus abuelos.

Empezó a morir la niña
entre el otoño y los sueños.

Los años pasaron
sin dolor
sin misterio.

GIRL STORIES

Carolina Escobar Sarti
GUATEMALA

She's just been born
among winter and lace.

She was born short
of wings
and flights.

She was given dolls,
rings, flowers,
soft dresses.

Stories about princes,
about fairies she was told,
dreams were dreamt for her.

She was taught set recipes,
things were hidden from her,
they taught her to walk
the narrowest roads.

The prince arrived
on a black horse,
took her to the castle
of his grandparents.

The little girl began to die
among autumn and dreams.

The years passed
without pain
without mystery.

Y los velos rasgados
dejaron todo
al descubierto
no había más sueños,
ni príncipes, ni fuegos
sólo cansancio y silencio.

Entonces nació la otra niña
la de la primavera.

Nació grande
de deseos
de sueños.

Recibió alas, palabras,
estrellas
y besos.

Escucharon sus cuentos
de aventuras y juegos
y gozaron sus versos.

Le enseñaron el canto
y el sentimiento
y voló por los aires
casi sin tocar el suelo.

No esperó al príncipe,
ella alzó el vuelo
y vivió entre los mares, la tierra
y el cielo.

La penúltima luz. Editorial del Pensativo, Antigua, Guatemala, 1999.

And the ripped ruffles
left everything
exposed:
no dreams remained,
no prince, no fire,
just endless weariness and silence.

That's when the other baby was born,
a girl born of spring.

She was born big
with desires
and dreams.

She was granted wings, words,
stars
and kisses.

Everyone listened to her tales
of adventure and play.
They rejoiced in her poetry.

They taught her to sing
to feel,
she flew in the air
barely touching the ground.

She did not wait for her prince,
but took flight instead,
lived on the sea, on the earth
and in the sky.

La penúltima luz. Editorial del Pensativo, Antigua, Guatemala, 1999.

EL RENACUAJO PASEADOR

Rafael Pombo
COLOMBIA

El hijo de Rana, Rinrín Renacuajo,
salió esta mañana muy tieso y muy majo
con pantalón corto, corbata a la moda,
sombrero encintado y chupa de boda.
"¡Muchacho no salgas!", le grita mamá,
pero él hace un gesto y orondo se va.

Halló en el camino a un ratón vecino,
y le dijo: "¡Amigo!, venga usted conmigo,
visitemos juntos a doña Ratona
y habrá francachela y habrá comilona".

A poco llegaron, y avanza Ratón,
estírase el cuello, coge el aldabón,
da dos o tres golpes, preguntan: "¿Quién es?"
"Yo, doña Ratona, beso a usted los pies".

"¿Está usted en casa?" — "Sí, señor, sí estoy;
y celebro mucho ver a ustedes hoy;
estaba en mi oficio, hilando algodón,
pero eso no importa; bienvenidos son".

Se hicieron la venia, se dieron la mano,
y dice Ratico, que es más veterano:
"Mi amigo el de verde rabia de calor,
dénmele cerveza, hágame el favor".

TALE OF THE WANDERING TADPOLE

Rafael Pombo
COLOMBIA

Tadpole Rinrín, Lady Toad's son,
went out this morning, tall and handsome,
wearing stylish shorts and a fashionable tie,
beribboned hat and the perfect waistcoat.
"Don't you go out!" his mother warned,
but with a wave of his hand he stepped out of the house.

On his way down the street he ran into Mouse,
his neighbor, and he said, "Come with me, my friend,
we'll go for a visit to old Mrs. Mouse.
She'll have a fine spread, much to dine on."

In no time they were there. Mouse went ahead,
and stretching his neck grabbed onto the door knocker:
Two, three knocks he gave. "Who is it?" asked a small voice.
"It's me, Mrs. Mouse, came to say hello."

"Are you in?" "Yes sir, I am here;
happy to see the two of you today.
I was working at what I do best, spinning
cotton, but no matter, please do come in."

They greeted each, together shook hands all three.
Said Mr. Rodent, being the more experienced,
"My good friend, the one here in green, is feeling hot.
Please serve him some beer, will you not?"

Y en tanto que el pillo consume la jarra
mandó a la señora traer la guitarra
y a Renacuajito le pide que cante
versitos alegres, tonada elegante.

"¡Ay! de mil amores lo hiciera, señora,
pero es imposible darle gusto ahora,
que tengo el gaznate más seco que estopa
y me aprieta mucho esta nueva ropa".

"Lo siento infinito, responde tía Rata,
aflójese un poco chaleco y corbata,
y yo mientras tanto les voy a cantar
una cancioncita muy paticular".

Mas estando en esta brillante función
de baile y cerveza, guitarra y canción,
la Gata y sus Gatos salvan el umbral,
y vuélvese aquello el juicio final.

Doña Gata vieja trinchó por la oreja
al niño Ratico maullándole: "¡Hola!"
Y los niños Gatos a la vieja Rata
uno por la pata y otro por la cola.

Don Renacuajito mirando este asalto
tomó su sombrero, dio un tremendo salto,
y abriendo la puerta con mano y narices,
se fue dando a todos noches muy felices.

Y siguió saltando tan alto y aprisa,
que perdió el sombrero, rasgó la camisa,
se coló en la boca de un pato tragón
y éste se lo embucha de un solo estirón.

And while the scoundrel downed that cool glass,
he sent for a guitar, let the party begin!
The lady asked Tadpole to sing her a tune,
a nice little song to help her along.

"I'd love to oblige, madam,
but can't right at this time of day
as my throat is dry, as dry as hay
and these new clothes are too tight for my voice."

"So sorry to hear that," answered Mrs. Mouse.
Why don't you loosen that tie, unbutton your vest,
and I'll sing you this little song
with meaning and love."

While the performance was going on,
song and drink and orchestral tones,
in waltzed Lady Cat and her cats through the door
and turned that scene into a day of judgment.

Old Mrs. Cat pulled Mousie hard by
the ear, meowing her greetings, moving along
while her cat children seized old Mrs. Mouse,
now by the tail, now by the paws.

Observing the show-down old Mr. Tadpole
grabbed his hat, took a huge leap
and opened the door, with both hand and nose,
bidding everyone present a joyous good-night.

He went on leaping so high and so fast
that he lost hold of his hat, got his shirt stuck
right inside the beak of a voracious duck,
who swallowed him whole down his huge throat.

Y así concluyeron, uno, dos y tres,
Ratón y Ratona, y la Rana después;
los Gatos comieron y el Pato cenó,
¡y mamá Ranita solita quedó!

País de versos. Tres Culturas Editores, Bogotá, Colombia, 1989.

Before one could count one, two, three,
all was concluded. Mr. Mouse and Mrs. Mouse
and also the toad were quickly consumed by numerous cats.
    Duck finished his dinner
and poor Lady Toad was left all alone!

País de versos. Tres Culturas Editores, Bogotá, Colombia, 1989.

MAÑANA DOMINGO

Germán Berdiales

Mañana domingo
se van a casar
la paloma blanca
y el pavo real.
A la palomita
la apadrinarán
la mamá paloma
y el pato, cuac-cuac.

Padrino del novio
su padre será
y será madrina
la garza real.
La novia de cola
y el novio de frac,
muy estiraditos
a casarse irán.
Brillante cortejo
los cortejará,
pues vendrá a la boda
gente principal.
Formando parejas
allí se verá
con una calandria
pasar un zorzal,
un pavo con una
paloma torcaz
y una golondrina
con un cardenal.

TOMORROW SUNDAY

Germán Berdiales
ARGENTINA

Tomorrow Sunday
there will be a wedding
between peacock
and white dove.
Her godparents
will be her mother dovetail
and old Mr. Duck, quack, quack.

The father of the groom
will stand in as his godfather
and the gray heron
will be his godmother.
The bride's dress will have a train,
the groom will wear a morning coat.
Standing tall
they will walk down the aisle.
A brilliant wedding party
will follow the newlyweds.
The best of the best
will be on hand for the marriage.
In couples will come
a lark with her robin,
a distinguished turkey
with a ring dove
and a swallow walking
ladylike by her cardinal.

Y desde una rama,
que será el altar,
un pechito rojo
los bendecirá.

Poemas escogidos para niños. Editorial Piedra Santa, San Salvador, El Salvador, 1998.

From the branch that will
stand as the altar,
a red-chested warbler
will bless everyone.

Poemas escogidos para niños. Editorial Piedra Santa, San Salvador, El Salvador, 1998.

BARRILETE (PAPALOTE)

Claudia Lars
EL SALVADOR

Alta flor de las nubes,
—lo mejor del verano—
con su tallo de música
en mi mano sembrado.

Regalo de noviembre,
nuevo todos los años
para adornar el día,
para jugar un rato.

Bandera de fiesta
que se escapa volando…
Pandereta que agita
remolinos lejanos.

Pececillo del aire
obstinado en el salto.
Pájaro que se enreda
en su cola de trapo.

Luna de mediodía,
con cara de payaso.
Señor del equilibrio.
Bailarín del espacio.

THE KITE

Claudia Lars
EL SALVADOR

Tall flower among the clouds
— the best part of the summer —
its long stem of song
planted in my palm.

A gift of spring
renewed every year
to dress up the day
and play while it stays.

Unfurled flag of the party
escaping in mid flight...
tambourine shaken
by distant whirlwinds.

Little fish in the air
intent on leaping.
Bird tangled
in its own tail of cloth.

Midday moon,
its face like a clown's
Lord of the balancing act.
Dancers of the sky.

Ala que inventa el niño
y se anuda a los brazos.
Mensaje del celeste.
Corazón del verano.

Poemas escogidos para niños. Editorial Piedra Santa, San Salvador, El Salvador, 1998.

The child invents these wings
and knots them to his arms...
Messenger from the blue.
Heart of summer.

Poemas escogidos para niños. Editorial Piedra Santa, San Salvador, El Salvador, 1998.

CAMINANTE

Humberto Ak'abal
GUATEMALA

Caminé toda la noche
buscando mi sombra.

Se había revuelto
con la oscuridad.

Utiuuu
un coyote.

Yo caminaba.

Tu tu tucuuur…
un tecolote.

Yo seguía caminando.

Zotz' zotz' zotz'…
un murciélago mascándole
la oreja a algún cochito.

Hasta que amaneció.

Mi sombra era tan larga
que tapaba el camino.

Guardián de la caída de agua. Artemis Edinter, Ciudad de Guatemala, Guatemala, 2000. Permiso de publicación otorgado por el autor.

THE TRAVELER

Humberto Ak'abal
GUATEMALA

I walked all through the night
searching for my shadow.

— It had become entangled
with the darkness.

Utiwww
cried the coyote.

I kept walking.

Tu tu tukuuur...
tooted the owl.

I just kept on walking.

Zotz' zotz' zotz'...
went the bat while biting
the ear of an unknowing gnat.

Then it was daybreak.

My shadow was so long
that it covered the whole road.

Guardián de la caída de agua. Artemis Edinter, Guatemala City, Guatemala, 2000. By permission of the author.

JOSÉ MANUEL

Ismael Lee Vallejo
COLOMBIA

Payasito de trapo. Compañero,
único amigo de mi niñez…
Payasito de trapo, qué bien soportas
los baños fríos y reprimendas
que sin motivo te ajusto yo.
Velas mi sueño, saltas si salto,
ríes conmigo y en tu lealtad
estás llorando si me regañan
mi payasito José Manuel.
Y un día cualquiera que yo sea grande,
con gran tristeza te añoraré,
mi dulce amigo, mi compañero,
mi payasito, José Manuel.

Permiso de publicación otorgado por el autor.

JOSÉ MANUEL

Ismael Lee Vallejo

Little rag-clown. My pal,
my only friend in childhood.
Little rag-clown, you take
the cold baths and scoldings so well.
Those that I give you for no reason.
You watch over me while I sleep.
If I jump you jump, you laugh with me,
you're loyal and cry when they scold me.
José Manuel my little clown.
One day when I grow up,
I will miss you in my sadness.
My sweet friend, my pal,
little clown, José Manuel.

By permission of the author.

EL TUKUMUX

Humberto Ak'abal
GUATEMALA

El Tukumux cantaba
balanceándose en las orillas del río.

Una muchacha lo quiso agarrar
para llevárselo a su casa.

El pájaro no se dejaba
y se puso a bailar.

Sin darse cuenta
ella comenzó a bailar con él.

Y bailaron, bailaron, bailaron
hasta que se acabó la luz del día.

El Tukumux se revolvió con la noche
y ella despertó llorando.

Desnuda como la primera vez. Artemis Edinter, Ciudad de Guatemala, Guatemala, 2000. Permiso de publicación otorgado por el autor.

THE TUKUMUX BIRD

Humberto Ak'abal
GUATEMALA

The Tukumux bird was singing
rocking to and fro on the shores of the river.

A girl came by and tried to grab him
to take him on home.

But the bird wouldn't let her
and started to dance instead.

Without realizing it
she started to dance along.

They danced, they danced and they danced
until daylight was gone.

The Tukumux bird got entangled with the night
and the girl woke up, crying.

Desnuda como la primera vez. Artemis Edinter, Guatemala City, Guatemala, 2000. By permission of the author.

ICNOCUICATL

(Fragmento)
Tradicional de los náhuatl
México

¿Qué podrá hacer mi corazón?
En vano hemos llegado,
hemos brotado en la tierra.
¿Solo, así he de irme,
como las flores que perecieron?
¿Nada quedará de mi nombre?
¿Nada de mi fama aquí en la tierra?
¡Al menos flores, al menos cantos!

Lo dejó dicho Tochihuitzin,
lo dijo también Coyolchuihqui:
"Que no venimos a vivir,
sólo venimos a soñar,
sólo venimos a pasar,
como la primavera".
Nuestra vida brota,
florece, se marchita.
Eso es todo.
Lo dijo ya Coyolchuihqui,
lo dejó dicho Tochihuitzin.

Poesía indígena de América. Arango Editores, Bogotá, Colombia, 1995.

ICNOCUICATL

Fragment of a Náhuatl traditional
MEXICO

What will my heart do?
In vain we have come,
sprouted from the earth.
Is this the way? Am I
to go, leave, like flowers once wilted?
Will nothing be left of my name?
Will nothing be left of my fame on this earth?
At least the flowers! At least the songs!

Thus spoke Tochihuitzin,
and also Coyolchuihqui:
"We don't come here to live,
we come here only to dream,
we come here only to be
like spring."
Our life sprouts,
it blooms, it wilts.
That is all.
Thus spoke Coyolchuihqui,
this was said by Tochihuitzin.

Poesía indígena de América. Arango Editores, Bogotá, Colombia, 1995.

El grillo canta en la montaña
la tortuga en el mar
lo han hecho por largos años
¿por cuántos más lo harán?

The cricket sings in the mountain
the tortoise in the sea,
they have sung for many years,
how much longer will they sing?

TRANSLATIONS BY
Sue Oringel

¿DE DÓNDE LA ROSA?

Esther María Ossés
PANAMÁ

— Negra la semilla,
la tierra morena,
sin color el agua
que la baña entera.

¿De dónde la rosa,
la rosa bermeja?
¿De dónde ese rojo,
semillita negra?

— Un poco de luna,
de sol y de viento.
Un poco de lluvia.
      Lo demás… secreto.

Escuela y poesía. Cooperativa Editorial Magisterio, Bogotá, Colombia, 1997.

FROM WHERE THE ROSE?

Esther María Ossés
PANAMA

— Black is the seed,
the landscape dark,
colorless, the water
that bathes it all.

From where comes the rose,
the bright crimson rose?
From where that red,
a little black seed?

— A bit of moon,
of sun and of wind.
A bit of rain.
        The rest... secret.

Escuela y poesía. Cooperativa Editorial Magisterio, Bogotá, Colombia, 1997.

DOÑA PRIMAVERA

Gabriela Mistral
CHILE

Doña Primavera
viste que es primor,
viste en limonero
y en naranjo en flor.

Lleva por sandalias
unas anchas hojas,
y por caravanas
unas fucsias rojas.

Salid a encontrarla
por esos caminos.
¡Va loca de soles
y loca de trinos!

Doña Primavera
de aliento fecundo,
se ríe de todas
las penas del mundo...

No cree al que le hable
de las vidas ruines.
¿Cómo va a toparlas
entre los jazmines?

¿Cómo va a encontrarla
junto de las fuentes
de espejos dorados
y campos ardientes?

LADY SPRING

Gabriela Mistral
CHILE

Lady Spring
wears only what's exquisite,
dresses in a lemon tree
and flowering orange.

Takes for her sandals
several roomy leaves,
and for earrings —
a few red fuchsias.

Go out to meet her
walking those roads.
Sunup to sundown
she goes crazy warbling.

Lady Spring,
she of fecund breath,
laughs at all
the pains of the earth.

She doesn't believe the one talking
of stingy, vicious lives.
How can she find them
among the jasmines?

How can she find them
next to the fountains
of gilded mirrors
and radiant fields?

De la tierra enferma
en las pardas grietas,
enciende rosales
de rojas piruetas.

Pone sus encajes,
prende sus verduras,
en la piedra triste
de las sepulturas…

Doña Primavera
de manos gloriosas,
haz que por la vida
derramemos rosas:

Rosas de alegría,
rosas de perdón,
rosas de cariño
y de exultación.

Gabriela Mistral y los niños. Editorial Everest, León, España, 1988.

From the ailing soil
of cloudy brown cracks,
rose bushes kindle
their red pirouettes.

She places her laces,
clasps her green things
on the sorrowful stone
of the ancient graves...

Lady Spring,
with your glorious hands
make us scatter
roses all our lives.

Roses of joy,
roses of pardon,
roses of caresses —
and exultation.

Gabriela Mistral y los niños. Editorial Everest, León, Spain, 1988.

JINETE

Aramís Quintero
CUBA

Allá en el hondo campo
callada cruza en calma
la sombra de una palma
sobre un caballo blanco.

Callada y cabalgando
se aleja por el fondo.
Allá por lo más hondo
del silencioso campo.

Y cae sobre todo
la tarde como un canto.
Y aquel caballo blanco
se va poniendo rojo.

Días de aire. Editorial Gente Nueva, Ciudad de La Habana, Cuba, 1982. Permiso de publicación otorgado por el autor.

THE RIDER

Aramís Quintero
CUBA

There, within the deep fields
quietly draped in calm
the shadow of a palm
meets a crossing white horse.

Quietly on horseback
it moves toward the distance.
There toward the depth
of the fields in silence.

And over it all
dusk like a song falls.
And that white horse
is now turning red.

Días de aire. Editorial Gente Nueva, Havana, Cuba, 1982. By permission of the author.

EN EL JARDÍN

Emilia Gallego Alfonso
CUBA

Platero, burro andarín,
en busca de mariposas,
llegó trotando al jardín.

Platero, burro andarín,
encontró alas y rosas
amarillas y carmín.

Se va trotando entre rosas,
y alas de mariposas,
Platero, burro andarín.

Para un niño travieso. Universidad de La Habana, Ciudad de La Habana, Cuba, 1981. Permiso de publicación otorgado por la autora.

IN THE GARDEN

Emilia Gallego Alfonso
CUBA

Platero, silvery fast-walking donkey,
searching for butterflies,
trotting into the garden.

Platero, silvery fast-walking donkey,
you found wings and roses
yellow and crimson.

Trotting among the rose bushes
and butterfly wings went Platero,
fast-walking donkey who rushes.

Para un niño travieso. Universidad de La Habana, Havana, Cuba, 1981. By permission of the author.

LA ARDILLA

Amado Nervo
MÉXICO

La ardilla corre,
la ardilla vuela,
la ardilla salta
como locuela.

— Mamá, ¿la ardilla
no va a la escuela?

Ven ardillita:
tengo una jaula
que es muy bonita.

No, yo prefiero
mi tronco de árbol
y mi agujero.

Poemas escogidos para niños. Editorial Piedra Santa, San Salvador, El Salvador, 1998.

THE SQUIRREL

Amado Nervo
MEXICO

The squirrel runs,
the squirrel flies,
the squirrel jumps
in graceful style.

— Mama, doesn't the squirrel
go to school?

Come, little squirrel:
I have a cage
that is very graceful.

No, I prefer
my tree trunk
and my burrow.

Poemas escogidos para niños. Editorial Piedra Santa, San Salvador, El Salvador, 1998.

LA BALLENA MAMÁ

Nativos de la isla Tiburón
MÉXICO

La ballena mamá está contenta.
Nada en la superficie, muy deprisa.
No hay tiburones cerca,
pero ella nada y nada siempre aprisa
muchas leguas allá,
otra vez para acá.
Después se hunde hasta el fondo
y nacen cuatro ballenitas.

Poesía indígena de América. Arango Editores, Bogotá, Colombia, 1995.

MOTHER WHALE

Natives from the island of Tiburón
MEXICO

The mother whale is
satisfied.
Swims on the surface, very
fast.
There are no sharks near
but she swims and swims, always
quickly,
many leagues that way,
comes back this way.
Later she sinks to the very
bottom
and four baby whales are born.

Poesía indígena de América. Arango Editores, Bogotá, Colombia, 1995.

LA TORTUGUITA

Manuel Felipe Rugeles
VENEZUELA

¡La tortuguita
sale del río
a buscar sol
llena de frío!

¡La tortuguita
no tiene pena
y se ha dormido
sola en la arena!

¡La tortuguita
pierde el sentido.
Ya no se acuerda
dónde ha nacido!

¡Se la trajeron
de San Fernando,
y ella no sabe
cómo ni cuándo!

¡Y en un acuario
de algas y flores,
ya la han pintado
de mil colores!

Antología de poesía infantil venezolana. Fe y alegría, Maracaibo, Venezuela, 1983.

THE LITTLE TORTOISE

Manuel Felipe Rugeles
VENEZUELA

The little tortoise
leaves the river
to find sunshine.
She is shivering.

The little tortoise
isn't ashamed,
and she has fallen asleep
alone in the sand.

The little tortoise
loses all sense.
Now she doesn't remember
where she was born.

They have taken her
from San Fernando,
and she doesn't know
how or when.

Now in an aquarium
of algae and flowers,
they've painted her
a million colors!

Antología de poesía infantil venezolana. Fe y alegría, Maracaibo, Venezuela, 1983.

LOS COYOLARES (PALMARES)
Froilán Turcios
HONDURAS

En los fértiles bosques olanchanos
peinados por el céfiro sonoro,
muestran — en la aridez de los veranos —
los coyolares sus racimos de oro.

Erizados de fúlgidas espinas
abren al sol sus palmas de verdores,
desgranando, en horas vespertinas,
lluvias ligeras de fragantes flores.

Con el hacha vibrante el hombre arroja
al vegetal sobre la pura tierra,
de inútiles ramajes la despoja

y en él una oquedad abre su daga;
y el delicioso líquido que encierra
con dulce ardor su corazón embriaga.

Poemas escogidos para niños. Editorial Piedra Santa, San Salvador, El Salvador, 1998.

THE COYOLARES (PALM TREES)
Froilán Turcios
HONDURAS

In the fertile forests of Olancho,
combed by soft sonorous winds,
in the barrenness of summers, the palms
show off their branches of gold.

Bristling with radiant spines,
fronds unfurl to the sun their greens,
shedding in evening hours
light rains of fragrant flowers.

The man with his vibrating ax
hurls the tree to plain earth,
stripping its useless branches,
and in the tree his dagger opens a hole
and the delicious liquor that enfolds it
with sweet fire intoxicates his heart.

Poemas escogidos para niños. Editorial Piedra Santa, San Salvador, El Salvador, 1998.

MANDADEROS DE LA LLUVIA

Humberto Ak'abal
GUATEMALA

El canto de los cenzontles
anuncia que la lluvia
viene en camino.

Las luciérnagas
con su baile de luces amarillas
dicen que la lluvia está cerca.

Y cuando los sapos
se desvisten de su piedra,
nubes oscuras borran el cielo
y comienzan a caer
las primeras gotas de lluvia.

Desnuda como la primera vez. Artemis Edinter, Ciudad de Guatemala, Guatemala, 2000. Permiso de publicación otorgado por el autor.

MESSENGERS OF THE RAIN

Humberto Ak'abal
GUATEMALA

The song of the cenzontles
announces that the rain
is coming down the road.

The fireflies
with their dance of yellow lights
say that the rain is near.

And when the toads
undress their rock,
dark clouds erase the heavens,
and the first drops
of rain begin to fall.

Desnuda como la primera vez. Artemis Edinter, Guatemala City, Guatemala, 2000. By permission of the author.

RESURRECCIÓN

Julia Esquivel
GUATEMALA

Amo la vida,
el sol, el aullido del viento en la montaña,
la tempestad, los truenos,
el canto alegre de los pájaros,
la alegría de los conejos,
el ladrido de los perros
y el paseo de los caracoles
después de la lluvia.

Amo la vida,
el cante hondo del gitano rebelde,
el lamento ancestral de la flauta,
la danza violenta de los rusos
y la sonrisa tímida de los niños indios.

Amo la vida,
piel morena o blanca,
el brillo de las mejillas de los negros,
los cabellos que tienen el color
del pelo del maíz.
Amo las hormigas nunca ociosas,
el mugido de las vacas
y el tintineo de sus campanas
en los Alpes.

RESURRECTION

Julia Esquivel
GUATEMALA

I love life —
the sun, the howl of the wind in the
mountain,
the tempests, the thunder,
the happy song of the birds,
the happiness of rabbits,
the barking of dogs
and the stroll of the snails
after the rain.

I love life —
the rebel gypsy's deep song,
the ancestral lament of the flute,
the violent dance of the Russians
and the timid smiles of Native children.

I love life
skin dark or light, the shine on the cheeks of Black people,
tresses the color
of corn silk.
I love the never-idle ants, the lowing of cows
and the tinkling of their bells
in the Alps.

Amo la vida,
el zumbido de las abejas golosas,
las travesuras de las ardillas,
la piel maravillosa del zorro,
la bella estampa del cervatillo
y la gallardía del caballo
con su melena al viento.

Ecumenical Program on Central America and the Caribbean (EPICA), Washington, DC, EU, 1993. Permiso de publicación otorgado por la autora.

I love life —
the buzzing of gluttonous bees,
the mischief of the squirrels,
the marvelous fur of the fox,
the pretty paces of the fawn
and the horse's gallantry
with its mane in the wind.

The Certainty of Spring. Ecumenical Program on Central America and the Caribbean (EPICA), Washington, DC, USA, 1993. By permission of the author.

EL NIDO

Alfredo Espino
El Salvador

Es porque un pajarito de la montaña ha hecho,
en el hueco de un árbol su nido matinal,
que el árbol amanece con música en el pecho,
como si tuviera corazón musical.

Si el dulce pajarito por entre el hueco asoma,
para beber rocío, para beber aroma,
el árbol de la sierra me da la sensación
de que se le ha salido, cantando, el corazón...

Poemas escogidos para niños. Editorial Piedra Santa, San Salvador, El Salvador, 1998.

THE NEST

Alfredo Espino
EL SALVADOR

It's because a mountain bird has made
its morning nest in the hollow of a tree
that the tree wakes up with music in its breast,
as if it had a musical heart inside.

If the sweet little bird peeps out the hole
to drink dew, to drink perfume,
the mountain tree gives me the feeling
that its heart has left it, singing.

Poemas escogidos para niños. Editorial Piedra Santa, San Salvador, El Salvador, 1998.

EL SAPO Y LA LUNA

Javier Villegas Fernández
PERÚ

Un sapo croaba
camuflado en el agua
y la luna viajaba
vestida de enagua.

Saltaba y saltaba
el sapo encantado
y la luna observaba
con su color plateado.

El sapo y la luna
se andaban buscando
y cerca a la laguna
estuvieron charlando.

Juntos planearon
su viaje nocturno
y ambos se marcharon
en el mismo turno.

Detrás de la luna
el sapo remaba
porque en la laguna
la luna viajaba.

Poroporo. Revista virtual de literatura infantil y promoción de la lectura, Lambayeque, Perú, 2000.
Permiso de publicación otorgado por el autor.

THE FROG AND THE MOON

Javier Villegas Fernández
PERU

A frog croaked
camouflaged in the water,
and the moon traveled
dressed in petticoats.

The enchanted frog
leaped and leaped,
and the moon looked on
with a silverplated glow.

The frog and the moon
went looking for each other,
and close to the lagoon
they were chatting.

Together they planned
their voyage of night,
and both went away
at the very same time.

But behind the moon
the frog was rowing,
because in the lagoon
the moon was going.

Poroporo. Virtual magazine of children's literature and reading promotion, Lambayeque, Peru, 2000. By permission of the author.

FUCSIAS

Óscar Alfaro
BOLIVIA

Las niñas de caramelo
están bailando en el aire.

Con pollerines de estrellas,
riegan de chispas la tarde.

¡Ay, cómo suben danzando
las escalas musicales!

Con zapatillas de oro,
con abanicos de sangre.

Sobre lunas de rocío
pisan y giran y caen.

Y se cuelgan de las barbas
del viejo sol de mi valle.

Escuela y poesía. Cooperativa Editorial Magisterio, Bogotá, Colombia, 1997.

FUCHSIAS

Óscar Alfaro
BOLIVIA

The caramel-colored girls
are dancing in the air.

With skirts of stars they scatter
the afternoon with sparks.

Oh, how they go dancing down
the musical scales of notes!

With golden slippers,
with blood-colored fans.

Above the dewy moons
they step and whirl and fall.

And they hang from the whiskers
of my valley's old sun.

Escuela y poesía. Cooperativa Editorial Magisterio, Bogotá, Colombia, 1997.

IREMOS A LA MONTAÑA

Alfonsina Storni
ARGENTINA

A la montaña,
nos vamos ya,
a la montaña
para jugar.
En las laderas
el árbol crece,
brilla el arroyo,
la flor se mece.
Qué lindo el aire,
qué bello el sol,
azul el cielo,
se siente a Dios.
Vivan mis valles
los Calchaquíes.
Está la tarde
de terciopelo,
malva en la
piedra,
rosa en los cielos.
A la montaña
formemos ronda,
ronda de niños,
ronda redonda.

Lectura y comunicación. Ediciones Santillana, Guaynabo, Puerto Rico, 1997.

WE WILL GO TO THE MOUNTAIN

Alfonsina Storni
ARGENTINA

To the mountain
now we'll go,
to the mountain
to play.
On the slopes
the tree grows,
the brook shines,
the flower sways.
How lovely the air,
how beautiful the sun,
blue is heaven,
one feels close to God.
Long live my valleys,
the Calchaquies.
The afternoon is made
of velvet,
mallows in the
rocks,
rose in the heavens.
To the mountain
let's form a round,
a round of children,
a circular round.

Lectura y comunicación. Ediciones Santillana, Guaynabo, Puerto Rico, 1997.

MAYO

Maya Cu
GUATEMALA

Habrá algo
en cada pino
para mis sueños

    Habrá musgo
en cada espacio
de mis venas

    Habrán flores
    en cada espina
    de esperanza

Habrá
  una canción
    en cada paso
    de alma

Estará mi
    mundo crecido
    en cada una
    de ellas
      — las que son
    de ellos
        — los que viven

Novísimos. Editorial Cultura, Ciudad de Guatemala, Guatemala, 1996. Permiso de publicación otorgado por la autora.

MAYO

Maya Cu
GUATEMALA

There will be something
in each pine
for my dreams

There will be moss
in each space
of my veins

There will be flowers
in each thorn
of hope

There will be
a song
in each step
of soul

There will be my
swollen world
in each one
of these
— these that are
of them
— those that live

Novísimos. Editorial Cultura, Guatemala City, Guatemala, 1996. By permission of the author.

ESTO DIJO EL POLLO CHIRAS

Víctor Eduardo Caro
COLOMBIA

Esto dijo el Pollo Chiras
cuando lo iban a matar:
"Dése breve, mi señora,
ponga el agua a calentar;

Un carbón eche a la estufa
y no cese de soplar,
que nos va cogiendo el día
y el señor viene a almorzar.

Pero escúcheme una cosa
que le quiero suplicar:
el pescuezo no me tuerza
como lo hace Trinidad.

Hay mil medios más humanos
de dormir a un animal
y de hacer que dure el sueño
por toda la eternidad.

Cumpla, pues, buena señora
mi postrera voluntad,
y despácheme prontico
sin dolor y sin crueldad".

La señora que era dama
de extremada caridad,
se quedó muy confundida
al oír lo dicho atrás.

THIS SAID CHIRAS THE CHICKEN

Víctor Eduardo Caro
COLOMBIA

This said Chiras the Chicken
when they were going to kill him:
"Strike me quickly, my madam,
put the water to warm.

Throw a coal in the stove
and don't stop blowing
so the day doesn't catch us
and the master is coming for lunch.

But listen to me dear madam
I beg you one little thing:
don't twist my neck
like that woman, Trinidad.

There are a million kinder ways
to put an animal to sleep
and to make its sleep last
for all eternity.

Please, good madam, comply
with my final wish
and dispatch me very promptly
without pain or cruelty."

The madam was a lady
of extreme charity;
she remained quite confused
at what had been said.

Estudió el asunto a fondo,
consultó una autoridad,
se leyó varios volúmenes
en inglés y en alemán;

Compró frascos, ingredientes,
un termómetro, un compás,
dos jeringas hipodérmicas
y no sé qué cosas más.

Y en ensayos y experiencias
en tubitos de cristal,
y en lecturas y consultas
todo el tiempo se le va.

Mientras tanto el Pollo Chiras
canta alegre en el corral:
"¡Dése breve, mi señora,
ponga el agua a calentar!"

País de versos. Tres Culturas Editores, Bogotá, Colombia, 1995.

She studied the matter deeply,
consulted authorities,
read various volumes
in English and German;

Bought ingredients, flasks,
a thermometer, a compass,
two hypodermic syringes
and I don't know what else.

And in tests and experiments
in little crystal tubes,
in readings and conferring
her time flies by.

Meanwhile Chiras the Chicken
sings happily in the yard,
"Strike me quickly, my madam.
put the water to warm!"

País de versos. Tres Culturas Editores, Bogotá, Colombia, 1995.

Recetas mágicas

Magic Recipes

TRANSLATIONS BY
David Unger

LA ARAÑITA TEJEDORA

Emilia Gallego Alfonso
CUBA

En mi patio hay una araña
que trabaja sin cesar;
en las flores, en las ramas,
teje telas de cristal.

Y en los hilos de su tela
se refleja más el sol
que en el agua de la fuente
donde baila el girasol.

Para un niño travieso. Universidad de La Habana, Ciudad de La Habana, Cuba, 1981. Permiso de publicación otorgado por la autora.

THE LITTLE WEAVING SPIDER

Emilia Gallego Alfonso
CUBA

There's a spider in my courtyard
who works without rest day and night;
among the flowers and the branches,
weaving cloth of glass and light.

And on the threads of its fabric
the sun reflects more rays
than in the fountain waters
where the sunflowers dance away.

Para un niño travieso. Universidad de La Habana, Havana, Cuba, 1981. By permission of the author.

SIGNO DEL GERANIO a)

Otto-Raúl González
GUATEMALA

Pasó triste y callado el buhonero
bajo la lluvia que borraba
sus rasgos en la noche;
y llevaba un geranio entre su pecho.

Pasó el obrero cabizbajo y solo,
sudoroso,
el alma y los zapatos rotos;
y llevaba un geranio entre los ojos.

Pasó la nave azul de las vocales,
la maestrita de la escuela;
y llevaba un geranio entre sus trenzas.

Voz y voto del geranio. Editorial Cultura, Ciudad de Guatemala, Guatemala, 1994.

SIGN OF THE GERANIUM I

Otto-Raúl González
GUATEMALA

The peddler went sadly and quietly by
under the rain that erased
his footsteps in the night;
and he had a geranium in his chest.

The worker trudged alone, gazing down,
sweating,
his soul and his shoes fraying;
and he had a geranium in his eyes.

A blue ship of vowels,
The new young school teacher
sailed by, and she had a geranium in her braids.

Voz y voto del geranio. Editorial Cultura, Guatemala City, Guatemala, 1994.

SIGNO DEL GERANIO b)

Otto-Raúl González

GUATEMALA

Pasó la ágil muchacha,
la góndola de todas las dulzuras,
la muchacha más guapa de mi barrio,
la que estuvo sirviendo en casa grande;
y llevaba un geranio entre su vientre.

Pasó el más explotado:
ese pequeño voceador descalzo
que grita las noticias por la calle,
que a veces va a la escuela
y siempre tiene ardidas las pupilas
de frío, hambre y sueño;
y llevaba un geranio en las mejillas.

Todos llevaban un geranio
y todos ensayaban
no el signo de la cruz, sí el del geranio.

Voz y voto del geranio. Editorial Cultura, Ciudad de Guatemala, Guatemala, 1994.

SIGN OF THE GERANIUM II

Otto-Raúl González
GUATEMALA

The nimble young woman went by,
a gondola filled with such sweetness,
the most beautiful girl in town,
the maid who worked in a mansion;
and she had a geranium in her belly.

The most downtrodden man went by,
that short, barefoot crier
who delivers the day's news to the town,
he who sometimes goes to school
and whose eyes are always burning
with cold, hunger and sleep;
and he had a geranium in his cheeks.

They all had a geranium,
but instead of the sign of the cross
they practiced the sign of the geranium.

Voz y voto del geranio. Editorial Cultura, Guatemala City, Guatemala, 1994.

CANOAS INDIAS

Aramís Quintero
CUBA

Todo lo que tú dices,
lo oye el conejo.

¿No le ves las orejas?

Lo mismo si está cerca
que si está lejos.

¿No le ves las orejas?

Ellas cargan con todo
lo que tú digas.

Canoas indias.

Revista virtual *Cuatrogatos*, 2000. Permiso de publicación otorgado por el autor.

INDIAN CANOES

Aramís Quintero
CUBA

Everything you say
is heard by a rabbit.

Can't you see his long ears?

Whether he is near
or far away.

Can't you see his long ears?

They snare everything
that you say.

Indian canoes.

Virtual magazine *Cuatrogatos*, 2000. By permission of the author.

CASTILLOS

Excilia Saldaña
CUBA

En el cielo hay
un castillo,
un castillo hay
en el mar.
El del cielo es de vuelo,
de agua y olas el de la mar.

En el pino hay
un castillo,
un castillo hay
en el mar.
El del pino es de trinos,
de arena el de la mar.

En mi sangre hay
un castillo,
un castillo hay
en el mar.
El de sangre es mi hijo:
cielo, alas, trino y mar.

Revista virtual *Cuatrogatos*, 2000.

CASTLES

Excilia Saldaña
CUBA

There's a castle
in the sky,
there's a castle
in the sea.
The sky castle is made of wings,
the sea castle of water and waves.

There's a castle
in the mountain pines,
there's a castle
in the sea.
The pine castle is full of birdsong,
the sea castle of sand.

There's a castle
in my blood,
there's a castle
in the sea.
The blood castle is my child:
sky, wings, birdsong and sea.

Virtual magazine *Cuatrogatos*, 2000.

BREBAJE MÁGICO PARA TODO USO

Irene Vasco
Colombia

En un gran caldero, picados o enteros,
se echan dos tomates y dos disparates,
tres kilos de sal y uno de cristal,
un poco de niebla y otro de pimienta,
dos tazas de hiedra y un kilo de piedra.

Todo esto se bate, se echa otro tomate,
si le falta sal, se agrega al final,
si no queda bueno, se le agrega un trueno,
y si ya está listo, se agrega un pellizco.

No hay que cocinar ni tampoco hornear.
En cualquier lugar o necesidad,
se toma una gota
y el resto...
se bota.

Escuela y poesía. Cooperativa Editorial Magisterio, Bogotá, Colombia, 1997. Permiso de publicación otorgado por la autora.

MAGIC POTION FOR ALL KINDS OF USES

Irene Vasco
COLOMBIA

Toss into a large pot
two tomatoes, either whole or chopped,
two pieces of junk, three kilos of salt
and one of glass,
a dash of fog and a sprinkle of pepper,
two cups of ivy and a kilo of stone.

Beat all the ingredients, add another tomato,
if it needs more salt, wait till the end,
if it tastes bad, add thunder
and if it's okay, add a twisting pinch.

Don't cook or bake it.
At any time, at any place,
drink just a drop
and the rest...
simply throw the slop away.

Escuela y poesía. Cooperativa Editorial Magisterio, Bogotá, Colombia, 1997. By permission of the author.

LA MURALLA

Nicolás Guillén
CUBA

Para hacer esta muralla,
tráiganme todas las manos:
los negros, sus manos negras;
los blancos, sus blancas manos.
Ay,
Una muralla que vaya
desde la playa hasta el monte,
desde el monte hasta la playa,
allá sobre el horizonte.
— ¡Tun, tun!
— ¿Quién es?
— Una rosa y un clavel...
— ¡Abre la muralla!
— ¡Tun, tun!
— ¿Quién es?
— El sable del coronel...
— ¡Cierra la muralla!
— ¡Tun, tun!
— ¿Quién es?
— La paloma y el laurel...
— ¡Abre la muralla!
— ¡Tun, tun!
— ¿Quién es?
— El alacrán y el ciempiés...
— ¡Cierra la muralla!

Al corazón del amigo,
abre la muralla;
al veneno y al puñal,

THE WALL

Nicolás Guillén
CUBA

To build this wall,
bring me each and every hand:
black hands,
white hands.
Yes,
a wall running
from the seashore to the mountains,
from the mountains to the seashore,
over there, on the horizon.
"Knock, knock!"
"Who's there?"
"A rose and a carnation…"
"Open the gate!"
"Knock, knock!"
"Who's there?"
"A colonel's saber."
"Close the gate!"
"Knock, knock!"
"Who's there?"
"The dove and the laurel leaf…"
"Open the gate!"
"Knock, knock!"
"Who's there?"
"The scorpion and the centipede…"
"Close the gate!"

The gate opens
to a friend's heart;
the gate closes

cierra la muralla;
al mirto y la yerbabuena,
abre la muralla;
al diente de la serpiente,
cierra la muralla;
al ruiseñor en la flor,
abre la muralla…

Alcemos una muralla
juntando todas las manos:
los negros, sus manos negras;
los blancos, sus blancas manos.
Una muralla que vaya
desde la playa hasta el monte,
desde el monte hasta la playa,
allá sobre el horizonte…

Lectura y comunicación. Ediciones Santillana, Guaynabo, Puerto Rico, 1997.

to poison and knives;
the gate opens
to the myrtle tree and the mint;
the gate closes
to a rattling snake;
the gate opens
to the nightingale in a flower...

Let's build a wall
With everyone's hands:
black hands,
white hands.
A wall running
from the seashore to the mountains,
from the mountains to the seashore,
over there, on the horizon...

Lectura y comunicación. Ediciones Santillana, Guaynabo, Puerto Rico, 1997.

CON SOL Y CON LUNA

Marcos Leibovich
ARGENTINA

La luna es un arpa;
el sol, un trombón.
Con sol y con luna
yo haré mi canción.

La luna es de harina;
el sol es de miel.
Con sol y con luna,
¡qué rico pastel!

La luna es un lirio;
el sol, tulipán.
Con sol y con luna
mil ramos se harán.

La luna es reposo
el sol es acción.
Con sol y con luna,
¡qué buena lección!

Lectura y comunicación. Ediciones Santillana, Guaynabo, Puerto Rico, 1997.

WITH THE SUN AND THE MOON

Marcos Leibovich
ARGENTINA

The moon is a harp:
the sun, a trombone.
With sun and moon
I'll compose my tune.

The moon is made of flour,
the sun of honey.
With moon and sun,
what a delicious cake!

The moon is a lily;
the sun, a tulip.
With sun and moon,
a thousand bouquets are made.

The moon is stillness;
the sun, motion.
With sun and moon,
what a great lesson!

Lectura y comunicación. Ediciones Santillana, Guaynabo, Puerto Rico, 1997.

EL CARACOL

Emilia Gallego Alfonso
Cuba

El caracol de la playa
guarda la risa,
ligera y clara,
de las olas al llegar.

El caracol de la orilla
guarda la pena,
breve y sencilla,
de las olas que se van.

Eco de la risa clara
y de la pena sencilla:
caracol de la playa,
caracol de la orilla.

Y dice una mariposa. Editorial Gente Nueva, Ciudad de La Habana, Cuba, 1983. Permiso de publicación otorgado por la autora.

THE SEA SHELL

Emilia Gallego Alfonso
CUBA

The sea shell on the shore
holds the clear
and rapid laughter
of the waves as they crash.

The sea shell on the shore
holds the short
and simple grief
of the waves as they leave.

Echo of clear laughter
and of simple grief:
sea shell on the beach,
sea shell on the shore.

Y dice una mariposa. Editorial Gente Nueva, Havana, Cuba, 1983. By permission of the author.

EL MAGO

David Chericián
Cuba

Un mago con mucha magia
por una puerta salió
y su sombrero volando
por la puerta regresó:
regresó, cruzó las piernas
y en la mesa se sentó.

Del sombrero sale un gato,
del gato sale un avión,
del avión sale un pañuelo,
del pañuelo sale un sol,
del sol sale todo un río,
del río sale una flor,
de la flor sale una música
y de la música yo.

Revista virtual *Cuatrogatos*, 2000. Permiso de publicación otorgado por el autor.

THE MAGICIAN

David Chericián
CUBA

A very magical magician
went out the door
and his hat flew back
through the same door;
he returned, crossed his legs
and sat at the table.

A cat comes out of the hat,
an airplane out of the cat,
a handkerchief out of the airplane,
a sun out of the handkerchief,
a wide river out of the sun,
a flower out of the river,
music comes out of the flower,
and out of the flower, I come.

Virtual magazine *Cuatrogatos*, 2000. By permission of the author.

LUCIÉRNAGA

Aramís Quintero
Cuba

Bajo la noche llena
de estrellas y luceros,
va una estrellita sola
parpadeando en silencio.

Vocecita que pasa
contándonos un cuento.
No se oye. Se siente
pasar un pensamiento.

Escuela y poesía. Cooperativa Editorial Magisterio, Bogotá, Colombia, 1997. Permiso de publicación otorgado por el autor.

FIREFLY

Aramís Quintero
CUBA

In the night full
of stars and lights,
a tiny star flies alone,
blinking in silence.

Little voice flying by,
tell us a story.
We hear nothing. A thought
seems to be flying by.

Escuela y poesía. Cooperativa Editorial Magisterio, Bogotá, Colombia, 1997. By permission of the author.

ACUARELA

Clarisa Ruiz
C<small>OLOMBIA</small>

Atrapados en la
Caja de acuarela,
Un cielo, el sol,
Árboles,
Rosas,
El camino hacia la casa,
La nube que viene y pasa, y el
Arco iris.

Revista virtual *Cuatrogatos*, 2000. Permiso de publicación otorgado por la autora.

WATERCOLOR

Clarisa Ruiz
COLOMBIA

Trapped inside
The watercolor case,
The sky, the sun,
Trees,
Roses,
The way home,
The cloud that comes and goes,
The rainbow.

Virtual magazine *Cuatrogatos*, 2000. By permission of the author.

LLUVIA

Humberto Ak'abal
GUATEMALA

En hilitos de agua
se desmadejan las nubes
y se hartan de tierra.

¡Fresco verdor de campos!

Juega la lluvia
chapoteando entre lodo.

La tierra huele.

Y los pájaros
dejan volar sus cantos.

Revista virtual *Cuatrogatos*, 2000. Permiso de publicación otorgado por el autor.

RAIN

Humberto Ak'abal
GUATEMALA

Little threads of water
seep out of the clouds
and fill up with earth.

Such fresh green fields!

The rain frolics
splashing around in the mud.

The earth smells.

And the birds
let their songs fly off.

Virtual magazine *Cuatrogatos*, 2000. By permission of the author.

EL BARQUITO

Humberto Ak'abal
GUATEMALA

La tarde no se quería ir
Todo era agua, agua, agua.

— El niño reía —
Soltó el barco de vela;
De su boca brotó el viento
Y comenzó a navegar.

Se iba, se iba, se iba,
Sus ojitos detrás del barco
Y él, dentro,
Soñando, cantando
Hasta que se hundió

Una hoja más del cuaderno
Y continuó su viaje
En otro barquito de papel.

Revista virtual *Cuatrogatos*, 2000. Permiso de publicación otorgado por el autor.

THE LITTLE BOAT

Humberto Ak'abal
GUATEMALA

The afternoon didn't want to end
It was all water, water and more water.

— The little boy laughed —
He let go of the sailboat
The wind sprang from his mouth
And the boat sailed away.

The little boy watched
The boat sail on and on
And he was inside the boat,
Dreaming, singing,
Until it sank.

A new page from his notebook
And his voyage continued
Inside another little paper boat.

Virtual magazine *Cuatrogatos*, 2000. By permission of the author.

Palabras y libros
podemos armar
castillos de arena
y torres de sal

Words and books
we can build
sand castles
and towers of salt

TRANSLATIONS BY
Andrew C. Leone

A LA ORILLA DEL AGUA

Octavio Paz
MÉXICO

La hormiguita que pasa
por la orilla del agua
      parece
decir adiós al inclinar sus antenas

Qué voy a hacer si pienso en ti al observala
Tan segura de su misión
      tan hermosa

Siempre a punto de ahogarse
y siempre salvándose

Siempre diciendo adiós
a quien no ha de volver a verla.

Octavio Paz, *Obra poética, 1935-1988*. Seix Barral, Ciudad de México, México, 2000.

AT THE WATER'S EDGE

Octavio Paz
MEXICO

The tiny ant walking
at the water's edge
        seems to say
goodbye when bending her antennae

I can't help thinking of you as I look at her
So self assured in her mission
        so beautiful

Always almost drowning
and always somehow surviving

Always saying goodbye
to those who won't see her again.

Octavio Paz, *Obra Poética, 1935-1988*. Seix Barral, Mexico City, Mexico, 2000.

EJEMPLO

Octavio Paz
MÉXICO

La mariposa volaba entre los autos.
Marie José me dijo: ha de ser Chuang Tzu,
de paso por Nueva York.
                      Pero la mariposa
no sabía que era una mariposa
que soñaba ser Chuang Tzu
                  o Chuang Tzu
que soñaba ser una mariposa.
La mariposa no dudaba:
                 volaba.

Octavio Paz, *Obra poética, 1935-1988*. Seix Barral, Ciudad de México, México, 2000.

EXAMPLE

Octavio Paz
MEXICO

The butterfly flew about the cars.
Marie José told me: it must be Chuang Tzu
passing through New York.
                        But the butterfly
didn't know she was a butterfly
with dreams of being Chuang Tzu
                or Chuang Tzu
with dreams of being a butterfly.
The butterfly never doubted:
                it flew.

Octavio Paz, *Obra Poética, 1935-1988*. Seix Barral, Mexico City, Mexico, 2000.

EL SOL NO TIENE BOLSILLOS

María Elena Walsh
ARGENTINA

El sol no tiene bolsillos,
la luna no tiene mar.
Por qué en un mundo tan grande
habrá tan poco lugar.

He visto flores cuadradas
y un pájaro militar.
Por qué en un mundo tan grande
habrá tan poco lugar.

Por qué si el aire es de todos
pagamos por respirar.
Por qué en un mundo tan grande
habrá tan poco lugar.

Y a dónde voy
y a dónde vas
y a dónde vamos a parar
rodando en una burbuja
en busca
de la humanidad.

Las canciones. Compañía Editora Espasa Calpe / Seix Barral, Buenos Aires, Argentina, 1994. Permiso de publicación otorgado por la autora.

THE SUN HAS NO POCKETS

María Elena Walsh
ARGENTINA

The sun has no pockets,
the moon has no sea.
In a world so big
why so little space?

I have seen square-looking flowers
and a military bird.
In a world so big
why so little space?

Why must we pay to breathe
air that belongs to us all.
In a world so big
why so little space?

And where do I go
and where do you go
and what will be of us
whirling inside a bubble
in search
of humanity.

Las canciones. Compañía Editora Espasa Calpe / Seix Barral, Buenos Aires, Argentina, 1994. By permission of the author.

LA LLAVE

Humberto Ak'abal
GUATEMALA

La llave siempre iba con ella,
era su costumbre.

Y la abuela Saq'kil,
algunos días antes de dejarnos,
apretaba en su puño
una llave.

¿Qué había en su cofre?

El último día
su mano se aflojó
y la dejó caer.

Del cofre salió volando
una mariposa dorada.

Desnuda como la primera vez. Artemis Edinter, Ciudad de Guatemala, Guatemala, 2000. Permiso de publicación otorgado por el autor.

THE KEY

Humberto Ak'abal
<small>GUATEMALA</small>

The key was always in her possession;
that was her habit.

And grandma Saq'kil,
some days before leaving us,
squeezed a key
in her hand.

What did she keep in her chest?

The last day
her hand relaxed
and she let it fall.

From the chest flew
a golden butterfly.

Desnuda como la primera vez. Artemis Edinter, Guatemala City, Guatemala, 2000. By permission of the author.

NEGRO SOY DE PANAMÁ

Carlos F. Changmarín
PANAMÁ

Negro soy del Marañón,
negro de Guachapalí,
negro desde que nací,
en el oscuro rincón.

Soy el tigre, soy el león
soy el palo del macano,
soy el lucero temprano
y la piedra de diamante...
vengo del pueblo cantante,
libertario y soberano.

Yo soy hijo de una negra
con negro de San Miguel,
Negro por parte de padre
también por la madre de él.

Negro estuve y negro fui,
negro crecí y negro estoy,
negro lucho hasta la muerte;
negro con ella me voy.

Negro vine de los mares
en la noche colonial,
negro como no hay ninguno
y más negro en el canal.

Yo no gimo, yo no lloro,
yo no me quejo de mí,

BLACK MAN FROM PANAMA

Carlos F. Changmarín
PANAMA

I am a black man from Marañón
black man from Guachapalí,
born black as you see me,
in a corner dark as coal.

I am the tiger and the lion
I'm the hardwood-swinging club,
I'm the early morning star
I'm the sparkling diamond stone...
I come with a freedom song,
and a people's sovereignty.

I am the son of a black woman
and a black man from San Miguel,
He was black just like his father
black was his mother as well.

Black I stood as black I was,
black I stay and black I grow,
black I fight until death takes me;
till she bids me come along.

Black I came across the sea
in the dim colonial night,
black as none and blacker still
as I dug through the canal.

I don't moan, I don't cry,
you will not hear me complain,

aunque de negro me muero
desde el día que el mundo vi.

Hay negros que negros son:
negro fue el Maceo cubano;
negro que rompió cadenas,
fue nuestro negro Bayano.

Negro soy de la negrura,
negro de caja y tambor,
negro de cumbia y curacha
y de fantasía y de amor.

Y no por negro he de ser
basura de los demás...
Un día vendrá más temprano.
¿Esclavo? ¡Nunca jamás!

Roja se verá la sangre
señores, de mar a mar
y ese día los negros congos
tendrán ganas de bailar.

Negro soy del Marañón
negro de Guachapalí,
¡Ay, negra, tócame aquí
donde tengo el corazón!
Pues quiero bailar un son.
Hagan rueda por mitad.
Me gusta la claridad
y el verso que voy cantando,
y quiero morir peleando
al son de la libertad.

Poesía testimonial latinoamericana. Editores Mexicanos Unidos, Ciudad de México, México, 1999.

even as I leave a black man
to this world, it's how I came.

Some black men indeed are black:
black as was the Cuban clobber;
the black man who cut the chains,
our hero black Bayano.

I am Black from living blackness,
black are my drum and my rhythm,
black my Cumbia and Curacha
black my dreams and my love.

And being black shall be no reason
to suffer someone else's abuse...
A day will come, it will be soon.
Hear my shout, "Slave? I refuse!"

Crimson blood, people you'll see
floating wide from sea to sea
and that day black conga players
will rise to their feet and dance.

I am a black man from Marañón
Black man from Guachapalí.
O, black woman touch me here
where my heart beats on!
Let's dance this *son*.
Come around, make a half circle
and let me say clearly
singing as I do,
I'd rather die fighting
while I hear sweet freedom's ruse.

Poesía testimonial latinoamericana. Editores Mexicanos Unidos, Mexico City, Mexico, 1999.

PATRIA

Julio Herrera y Reissig
<small>Uruguay</small>

¡Oh, Patria, Patria querida,
cuántos placeres te debo!
Tú me recuerdas los seres
a que más amor profeso;
tú me recuerdas la infancia
con sus inocentes juegos;
tú me recuerdas los días,
de mayor dicha y sosiego,
las caricias de mi madre,
y los cuentos de mi abuelo.

¡Oh, Patria, Patria querida,
cuántos placeres te debo!

Poemas escogidos para niños. Editorial Piedra Santa, San Salvador, El Salvador, 1998.

LAND OF MY BIRTH

Julio Herrera y Reissig
URUGUAY

O land, dear land of my birth,
so many pleasures I owe thee!
You remind me of my loved ones
those dearest to me;
you remind me of my youth
and its innocent child's play;
you remind me of the days
of greatest fortune and peace,
my mother's hand's soft touch
and my grandfather's stories.

O land, dear land of my birth,
so many pleasures I owe thee!

Poemas escogidos para niños. Editorial Piedra Santa, San Salvador, El Salvador, 1998.

PREGUNTAS A LA HORA DEL TÉ

Nicanor Parra
CHILE

Este señor desvaído parece
Una figura de un museo de cera;
Mira a través de los visillos rotos:
Qué vale más, ¿el oro o la belleza?,
¿Vale más el arroyo que se mueve
O la chépica fija a la ribera?
A lo lejos se oye una campana
Que abre una herida más, o que la cierra:
¿Es más real el agua de la fuente
O la muchacha que se mira en ella?
No se sabe, la gente se lo pasa
Construyendo castillos en la arena.
¿Es superior el vaso transparente
A la mano del hombre que lo crea?
Se respira una atmósfera cansada
De ceniza, de humo, de tristeza:
Lo que se vio una vez ya no se vuelve
A ver igual, icen las hojas secas.
Hora del té, tostadas, margarina,
Todo envuelto en una especie de niebla.

The Antipoetry of Nicanor Parra. New York University Press, Nueva York, EU, 1975.

QUESTIONS AROUND TEA TIME

Nicanor Parra
CHILE

This pale-looking man seems
like a figure in a wax museum;
Looks through torn lace curtains.
What is worth more, riches or beauty?
What is worth more, a moving stream
or the grass glued to the shore?
Far away a bell tolls
opening or closing another wound.
What is more real, the water in a pool
or the girl gazing at her reflection in it?
Who knows, people insist
on building sandcastles.
What is the greater treasure, the transparent glass
or the hand of the man who made it?
The air we breathe is heavy
with ashes, smoke and sadness:
What has been seen once, cannot appear
the same again, whirlwind of dead leaves.
It's time for tea, toast, margarine,
all wrapped in some kind of mist.

The Antipoetry of Nicanor Parra. New York University Press, New York, USA, 1975.

PROGRAMA MATINAL

Rubén Darío (de *Cantos de vida y esperanza*)
NICARAGUA

¡Claras horas de la mañana
en que mil clarines de oro
dicen la divina diana!
¡Salve al celeste Sol sonoro!

En la angustia de la ignorancia
de lo porvenir, saludemos
la barca llena de fragancia
que tiene de marfil los remos.

¡Epicúreos o soñadores
amemos la gloriosa vida,
siempre coronada de flores
y siempre la antorcha encendida!

Exprimamos de los racimos
de nuestra vida transitoria
los placeres porque vivimos
y los champañas de la gloria.

Devanemos de Amor los hilos,
hagamos, porque es bello, el bien,
y después durmamos tranquilos
y por siempre jamás. Amén.

Biblioteca Virtual Miguel de Cervantes, 2000.

MORNING ROUTINE

Rubén Darío (from *Songs of Life and Hope*)
NICARAGUA

Clear morning hours
when a thousand golden trumpets
cry to the divine daylight!
Hail the brightness of the majestic Sun!

　　　Anguished as we are in our ignorance
of what's to come, let us greet
the fragrance-filled vessel
urged on by ivory oars.

　　　Whether Epicurean or dreamers
let us love this glorious Life,
always wearing flower garlands
always bearing torch alight!

　　　Let us squeeze from the bunches
of our transitory life
the pleasures for which we live
and the glorious sparkling wine.

　　　Let us spin the yarn of Love,
let us do good for its own sake
and then sleep as would the just
forever and ever. Amen.

Biblioteca Virtual Miguel de Cervantes, 2000.

ROMPEOLAS

Julia de Burgos
Puerto Rico

Voy a hacer un rompeolas
con mi alegría pequeña…
No quiero que sepa el mar,
que por mi pecho van penas.

No quiero que toque el mar
la orilla acá de mi tierra…
Se me acabaron los sueños,
locos de sombra en la arena.

No quiero que mire el mar
luto de azul en mi senda…
(¡Eran auroras mis párpados,
cuando cruzó la tormenta!)

No quiero que llore el mar
nuevo aguacero en mi puerta…
Todos los ojos del viento
ya me lloraron por muerta.

Voy a hacer un rompeolas
con mi alegría pequeña,
leve alegría de saberme,
mía la mano que cierra.

No quiero que llegue el mar
hasta la sed de mi poema,
ciega en la mitad de una lumbre,
rota en mitad de una ausencia.

El mar y tú y otros poemas. Ediciones Huracán, Río Piedras, Puerto Rico, 1981.

A SEA WALL

Julia de Burgos
PUERTO RICO

I'll make a sea wall
with my bit of happiness...
I don't want the sea to know
that my heart harbors great sorrow.

I don't want the sea to know
the shore this side of my land...
I have no dreams left
desperate for shade in the sand.

I don't want the sea to notice
the blue of mourning on my path...
(My eyelids were sunrises
till the tempest blew past!)

I don't want the sea to cry
new storms at my door...
All the eyes of the wind
saw me dead for evermore.

I'll make a sea wall
with my bit of happiness,
tiny happiness of knowing
it's my hand that stops it.

I don't want the sea to reach
the thirst of my poem,
blind in the midst of light,
broken in the midst of absence.

El mar y tú y otros poemas. Ediciones Huracán, Río Piedras, Puerto Rico, 1981.

PARA LA PAZ

Roque Dalton
El Salvador

Será cuando la luna se despida del agua
con su corriente oculta de luz inenarrable.

Nos robaremos todos los fusiles,
apresuradamente.

No hay que matar al centinela, el pobre
sólo es función de un sueño colectivo,
un uniforme repleto de suspiros
recordando el arado.
Dejémosle que beba ensimismado su luna y su granito.

Bastará con la sombra lanzándonos sus párpados
para llegar al punto.

Nos robaremos todos los fusiles,
irremisiblemente.

Habrá que transportarlos con cuidado,
pero sin detenerse
y abandonarlos entre detonaciones
en las piedras del patio.

Fuera de ahí, ya sólo el viento.

Tendremos todos los fusiles,
alborozadamente.

TO ACHIEVE PEACE

Roque Dalton
EL SALVADOR

When the moon says its farewell to the water
with its hidden current of inexpressive light

Then we shall steal the rifles,
hurriedly.

There's no need to fight the sentry, the wretch
is but the expression of a collective dream,
a uniform filled with sighs
mindful of the sowing.
Let's leave him, full of himself, to drink his moon and granite.

Our shadow thrown upon his eyelids will suffice
to make our point.

We shall steal all the rifles,
inexorably.

We'll have to carry them with care,
but without stopping
and abandon them amidst the explosions
upon the patio stones.

Beyond that, nothing but the wind remains.

We'll have all the guns,
overjoyed.

No importará la escarcha momentánea
dándose de pedradas con el sudor de nuestro sobresalto,
ni la dudosa relación de nuestro aliento
con la ancha niebla, millonaria en espacios:
caminaremos hasta los sembradíos
y enterraremos esperanzadamente
a todos los fusiles,
para que una raíz de pólvora haga estallar en mariposas
sus tallos minerales
en una primavera futural y altiva
repleta de palomas.

...La ventana en el rostro. UCA Editores, San Salvador, El Salvador, 1998.

Never mind the momentary frost
cowering beneath the sweat of our fright,
nor the doubtful link of our breath
with the ample mist, plentiful in space:
we shall walk to the harvest fields
and hopeful we shall bury
all the rifles,
so that gun powder roots will explode their metal shoots
into butterflies
in an arrogant spring to come
filled with doves.

...La ventana en el rostro. UCA Editores, San Salvador, El Salvador, 1998.

ESTE NIÑO DON SIMÓN

Manuel Felipe Rugeles
VENEZUELA

El niño Simón Bolívar
tocaba alegre el tambor
en un patio de granados,
que siempre estaban en flor.

Montó después a caballo.
Dicen que en potro veloz;
por campos de San Mateo,
era el jinete mejor.

Pero un día se hizo grande
el que fue niño Simón
y a caballo siguió andando,
sin fatiga, el soñador.

De Angostura hasta Bolivia
fue, guerrero y vencedor,
por el llano y por la sierra,
con la lluvia y con el sol.

A caballo anda en la historia
este niño don Simón,
como anduvo por América
cuando era El Libertador.

Antología de poesía infantil venezolana. Fe y alegría, Maracaibo, Venezuela, 1983.

THIS CHILD DON SIMÓN

Manuel Felipe Rugeles
VENEZUELA

The child Simón Bolivar
happily played the drum
in a yard of pomegranates
that were always in full bloom.

He later rode a horse.
They say the steed was fast;
through the fields of San Mateo,
among all horsemen he was best.

But one day he grew to greatness
he who had been the child Simón
and rode on upon his horse
with ease, while dreaming on.

From Angostura to Bolivia
he was a warrior and a winner,
through the plains and mountain paths,
under the rain and the sun.

On his horse he rides through history
this child Don Simón,
as he rode through the Americas
When he was Liberator.

Antología de poesía infantil venezolana. Fe y alegría, Maracaibo, Venezuela, 1983.

POSTAL DE GUERRA

María Elena Walsh
ARGENTINA

Un papel de seda
flota en la humareda.
Lleva la corriente
derramado el puente.
Lágrimas.

La tarde se inclina,
pólvora y neblina.
La ceniza llueve
silenciosamente.
Lágrimas.

Ay, cuándo volverán
la flor a la rama
y el olor al pan.

Árboles quemados,
pálidos harapos.
Náufraga en la charca
se hunde una sandalia.
Lágrimas.

Fantasmales pasos
huyen en pedazos.
Sombras y juncales.
Un montón de madres.
Lágrimas.

WARTIME POSTCARD

María Elena Walsh
ARGENTINA

A silken paper leaf
floats in hazy smoke.
The current pushes on
a bridge now just a wreck.
Tears.

The evening bows,
gunpowder and fog.
The ashes fall like rain
silently.
Tears.

> *Oh, will they ever return*
> *the flower to the branch*
> *and the fragrance to baked bread.*

Burnt trees,
pale and ragged.
Shipwrecked upon a rivulet
floats away a sandal.
Tears.

Ghost-like steps
run off in pieces.
Shadowy and willowy.
A multitude of mothers.
Tears.

Ay, cuándo volverán
la flor a la rama
y el olor al pan.
Lágrimas, lágrimas, lágrimas.

Las canciones. Compañía Editora Espasa Calpe / Seix Barral, Buenos Aires, Argentina, 1994. Permiso de publicación otorgado por la autora.

Oh, will they ever return
the flower to the branch
and the fragrance to baked bread.
Tears, tears, tears!

Las canciones. Compañía Editora Espasa Calpe / Seix Barral, Buenos Aires, Argentina, 1994. By permission of the author.

BARCO Y SUEÑOS

Francisco Feliciano-Sánchez
PUERTO RICO

Mi barquito de papel
no salió de un astillero.
Mi barquito de papel
es producto de mis sueños.

Cobra vida diferente;
viaja iluso por el mundo
ayudando a la gente
a tener sueños profundos.

No se puede cuestionar
ir a la imaginación.
Si quieres volar, ¡vuela!
Te lo dicta el corazón.

Poemas para niñas y niños. Editorial Azogue, San Juan, Puerto Rico, 2000. Permiso de publicación otorgado por el autor.

BOATS AND DREAMS

Francisco Feliciano-Sánchez
PUERTO RICO

My little paper ship
wasn't built in a shipyard.
My little paper ship
is the fruit of my dreams.

Takes on a different life;
gullible it sails the world
helping people as it does
their dreams to hold.

One mustn't ever question
the whys of the imagination.
If you want to fly, fly!
If so dictates your heart.

Poemas para niñas y niños. Editorial Azogue, San Juan, Puerto Rico, 2000. By permission of the author.

CANTINELA

Aramís Quintero
<small>CUBA</small>

Por la praderita
de menuda hierba,
entre piedras lisas
y doradas piedras,
con su risa clara, cantante y ligera,
va el hilito de agua.
Cantinela.

Lleva cierta prisa,
dice que lo esperan
importantes aguas
mar afuera.

Pero a pocos pasos
de su fontanela,
todo queda en una
lagunita, de esas
que cuando no llueven
se secan.

Y el hilito dice
que alta mar lo espera.
¡Por mí que lo diga,
y que se lo crea!

Un elefante en la cuerda floja. Ediciones Unión, Ciudad de La Habana, Cuba, 1998. Permiso de publicación otorgado por el autor.

RIVULET

Aramís Quintero
CUBA

Through the tender grass
of the green meadow,
among smooth stones
and golden stones,
with its ringing, singing, light laughter,
there goes the thread of water.
Rivulet.

It goes hurriedly,
important waters, it says,
are waiting for it
out at sea.

But a few steps from
its fountain spring,
it collects in a small pool —
the kind that dries
when there is no rain.

And the rivulet says
that the deep ocean awaits.
Fine with me if it says so
and if it believes so!

Un elefante en la cuerda floja. Ediciones Unión, Havana, Cuba, 1998. By permission of the author.

CAUDAL

Miguel Ángel Asturias
GUATEMALA

Dar es amar,
dar prodigiosamente,
por cada gota de agua
devolver un torrente.

Fuimos hechos así,
hechos para botar
semillas en el surco
y estrellas en el mar
y ¡ay! del que no agote,
Señor, su provisión
y al regresar te diga
¡Como alforja vacía
está mi corazón!

Poemas escogidos para niños. Editorial Piedra Santa, San Salvador, El Salvador, 1998.

PLENTY

Miguel Ángel Asturias
GUATEMALA

To give is to love,
give plentifully,
for each drop of water
give back a torrent.

This is how we were made,
made to fling
seeds into the furrow
and stars into the sea
and woe be to him
who will not exhaust
Lord, his part
and on his return remark,
"Empty is my heart
as empty as a pouch!"

Poemas escogidos para niños. Editorial Piedra Santa, San Salvador, El Salvador, 1998.

LA FLORECITA DE DIENTE DE LEÓN

Carmen Lyra
COSTA RICA

Soy la florecita
del diente de león,
parezco en la hierba
un pequeño sol.

Me estoy marchitando,
ya me marchité;
me estoy deshojando,
ya me deshojé.

Ahora soy un globo
fino y delicado,
ahora soy de encaje,
de encaje plateado.

Somos las semillas
del diente de león,
unas arañitas
de raro primor.

¡Qué unidas nos puso
la mano de Dios!
Ahora viene el viento:
¡Hermanos, adiós!

Escuela y poesía. Cooperativa Editorial Magisterio, Bogotá, Colombia, 1997.

THE LITTLE DANDELION

Carmen Lyra
COSTA RICA

I am the little
dandelion,
amidst the grass I seem
like a little sun.

I am shriveling,
I have shriveled,
I am losing my petals,
I have lost my petals.

Now I am a globe
fine and delicate,
now I am lace,
silvery lace.

We are the seeds
of the dandelion,
tiny little spiders
of the rarest beauty.

God's hands
put us together.
Here comes the wind:
Brothers, so long!

Escuela y poesía. Cooperativa Editorial Magisterio, Bogotá, Colombia, 1997.

LA POBRE VIEJECITA

Rafael Pombo
<small>COLOMBIA</small>

Érase una viejecita
sin nadita qué comer
sino carnes, frutas, dulces,
tortas, huevos, pan y pez.

Bebía caldo, chocolate,
leche, vino, té y café,
y la pobre no encontraba
qué comer ni qué beber.

Y esta vieja no tenía
ni un ranchito en qué vivir
fuera de una casa grande
con su huerta y su jardín.

Nadie, nadie la cuidaba
sino Andrés y Juan y Gil
y ocho criadas y dos pajes
de librea y corbatín.

Nunca tuvo en qué sentarse
sino sillas y sofás
con banquitos y cojines
y resorte al espaldar.

Ni otra cama que una grande
más dorada que un altar,
con colchón de blanda pluma
mucha seda y mucho holán.

THE POOR LITTLE OLD LADY

Rafael Pombo
COLOMBIA

Once there lived an old lady
who had nothing left to eat
except for meat, fruit and sweets,
cakes, eggs, bread and fish.

She drank hot broth and chocolate,
milk, wine, tea and coffee,
but the poor lady could find
nothing at all to eat and drink.

And the poor little old lady
didn't even have a home
except of course for a mansion
with an orchard and a lawn.

No one ever cared for her
but for Andrés, Juan and Gil
and eight chambermaids, two pages
in their livery and frills.

She had nowhere to sit
but for chairs and ample sofas
with their ottomans and pillows
and plenty of soft cushions.

She had no bed except for one
more ornate than an altar
with a mattress of soft goose down
lots of silk and much fine linen.

Y esta pobre viejecita
cada año, hasta su fin,
tuvo un año más de vieja
y uno menos que vivir.

Y al mirarse en el espejo
la espantaba siempre allí
otra vieja de antiparras,
papalina y peluquín.

Y esta pobre viejecita
no tenía que vestir
sino trajes de mil cortes
y de telas mil y mil.

Y a no ser por sus zapatos,
chanclas, botas y escarpín,
descalcita por el suelo
anduviera la infeliz.

Apetito nunca tuvo
acabando de comer,
ni gozó salud completa
cuando no se hallaba bien.

Se murió de mal de arrugas,
ya encorbada como un tres,
y jamás volvió a quejarse
ni de hambre ni de sed.

Y esta pobre viejecita
al morir no dejó más
que onzas, joyas, tierras, casas,
ocho gatos y un turpial.

And this poor little old lady
every year until the end
added one more year of aging
and had one less year to live.

And when gazing at her reflection
there was always to haunt her
another bespectacled old lady
with a bonnet and a wig.

Oh this poor little old lady
really had no clothes to wear
other than suits of many styles
and thousands of kinds of silks.

And were it not for her shoes,
sandals, boots and slippers too,
she would have to walk all barefoot
the poor wretch on the floor.

She never did feel hunger
after finishing her meal,
and she never was too healthy
when she wasn't feeling well.

Then she died ill with wrinkles,
curved she seemed a number three,
and she never again complained
not of hunger nor of thirst.

And this poor little old lady
when she died left nothing more
than gold, jewels, lands and houses
eight cats and one songbird.

Duerma en paz, y Dios permita
que logremos disfrutar
las pobrezas de esa pobre
y morir del mismo mal.

Poemas encantados y canciones de cuna. Editorial Panamericana, Bogotá, Colombia, 1999.

May she rest in peace and God willing
that we too should have the fortune
to be as poor as this old thing
and die of her same afflictions.

Poemas encantados y canciones de cuna. Panamericana Editorial, Bogotá, Colombia, 1999.

DESPEDIDA

Anónimo, atribuido a Jorge Luis Borges

Si pudiera vivir nuevamente mi vida,
en la próxima trataría de cometer más errores.
No intentaría ser tan perfecto,
me relajaría más.
Sería más tonto de lo que he sido,
de hecho tomaría muy pocas cosas con seriedad.
Sería menos higiénico.

Correría más riesgos
haría más viajes,
contemplaría más atardeceres.
Subiría más montañas, nadaría más ríos.
Iría a más lugares
y a los que nunca he ido.
Comería más helados y menos habas.
Tendría más problemas reales y
menos imaginarios.

Fui una de esas personas
que vivió sensata y prolíficamente
cada minuto de su vida,
claro que tuve momentos de alegría.
Pero si pudiera volver atrás
trataría solamente de tener buenos momentos.
Por si no lo saben,
de eso está hecha la vida,
sólo de momentos,
no se pierdan el ahora.

FAREWELL

Anonymous, attributed to Jorge Luis Borges

If I could live my life anew,
in the next I'd attempt more mistakes.
I wouldn't try to be so perfect,
I would relax more.
I'd be more foolish than I've been,
In fact I'd take very few things too seriously.
I'd be less sanitary.

I'd take more chances.
take more trips,
I'd contemplate more sunsets.
I'd climb more mountains, swim more rivers.
I'd go to more places,
and to the ones I've never been.
I'd eat more ice cream and fewer beans.
I'd have more real problems
and fewer imaginary ones.

I was one of those
who lived every minute of his life
sensibly and productively,
surely I had happy moments.
But if I could start anew
I would try to have only good moments.
And if you don't know it
that's what life is made of,
just moments,
don't miss out on the now.

Era uno de esos que nunca iba
a ninguna parte
sin un termómetro,
una bolsa de agua caliente,
un paraguas y un paracaídas.

Si pudiera volver a vivir,
andaría desnudo hasta el final del otoño,
daría más vueltas en calesita,
contemplaría más amaneceres
y jugaría con más niños
Si tuviera otra vez la vida por delante…

Pero ya ven, tengo 85 y sé que me estoy muriendo…

Luis.Salas.net. Página virtual, 2001.

I was one of those who
never went anywhere
without a thermometer,
a hot water bottle,
an umbrella and a parachute.

If I could live my life again,
I'd go naked until the end of autumn,
I'd ride more often in the little carriages,
I'd contemplate more daybreaks
and play more often with children.
If my life were again ahead of me...

But as you see, I am 85
and I know I am dying...

Luis.Salas.net. Virtual page, 2001.

Biografías cortas

Humberto Ak'abal (1952-) Nacido en Guatemala, ha publicado doce libros de poesía que reflejan la tradición oral de los maya k'ikche' de Guatemala y Centroamérica. Es reconocido como uno de los máximos exponentes de la onomatopoesía de la literatura universal. Su obra ha sido traducida a varios idiomas y reconocida internacionalmente con los premios "Blaise Cendrars" en 1997 y "Canto de América" en 1998, otorgado por la UNESCO en México.

Óscar Alfaro (1921-1963) Poeta, narrador y educador boliviano, conocido en su país como "El poeta de los niños". Fue un entusiasta promotor de la literatura infantil. Publicó *Cajita de música*, *Alfabeto de estrellas*, *Cien poemas para niños* y *La escuela de fiesta*, entre otros.

Miguel Ángel Asturias (1899-1974) Nacido en Guatemala, fue poeta, novelista y ganador del Premio Nobel de Literatura en 1967. En 1925 tradujo el Génesis maya *Popol Vuh* al español. Fue un escritor prolífico. Entre sus libros más conocidos están *Leyendas de Guatemala*, *El señor presidente* y *Hombres de maíz*, la cual es considerada su obra maestra.

Germán Berdiales (1896-1975) Poeta y escritor argentino, fue maestro y su obra abarca todos los géneros de la literatura infantil. Entre sus libros de poesía podemos mencionar: *Joyitas*, *Fabulario*, *El nene en su corralito*, *Cielo pequeñito* y *Mis versos para la escuela*. Publicó también muchas obras de teatro para niños.

Julia de Burgos (1914-1953) Su nombre completo era Julia Constancia Burgos García. Nació en Puerto Rico y fue maestra de escuela, poeta y periodista. Autodesterrada en Cuba y Estados Unidos, murió en un hospital de Harlem, Nueva York, y fue enterrada anónimamente en una fosa común. Entre sus obras se cuentan: *Poemas en veinte surcos*, *Canción de la verdad sencilla*, y *El mar y tú*, las cuales reflejan su vida solitaria y su profundo amor por la naturaleza.

Víctor Eduardo Caro (1877-1944) Nació en Colombia y fue poeta, escritor y periodista. Entre sus obras podemos mencionar: *A la sombra del alero*, *Sonetos*, *La juventud de Don Miguel Antonio Caro* y *Los números: su historia, sus propiedades, sus mentiras y verdades*.

Carlos F. Changmarín (1922-) Nació en Panamá, adquirió el título de maestro y estudió pintura y periodismo. Entre sus obras se destacan: *Socavón*, *Dos poemas*, *Poemas corporales*, *Versos del pueblo*, *Versos de muchachita*. Ha publicado novelas y las antologías de poemas infantiles *Noche buena mala* y *La Muñeca de tusa*.

David Chericián (1940-2002) Nació en Cuba. Durante su niñez y juventud trabajó como actor de teatro, radio y televisión, y más tarde se desempeñó como jefe de redacción de revistas y como editor. Importantes compositores han musicalizado sus versos y su obra ha sido reconocida con el Premio Nacional Cubano de la Crítica en 1983 por su libro *Junto aquí poemas de amor*.

Teresa Crespo de Salvador (1928-) Poetisa y narradora, es una de las principales voces de la literatura infantil del Ecuador. Entre sus obras se cuentan: *Rondas*, *Pepe Golondrina*, *Hilván de sueños*, *Novena del Niño Jesús*, *Mateo Zimbaña* y *Ana de los ríos*.

Maya Cu (1968-) Nació en Guatemala y es maestra de educación primaria. Estudió historia y ha publicado su obra en revistas, periódicos y antologías. Su primer libro, *Poemaya* fue publicado en 1996 y algunos de sus poemas figuran en *Antología de poesía joven latinoamericana*.

Roque Dalton (1935-1975) Nació en El Salvador y aunque tuvo una vida relativamente corta, su obra literaria es extensa. *La Ventana en el rostro* fue su primer libro; con su poemario *Taberna y otros lugares* ganó el Premio Casa de las Américas en 1969. Publicó un libro de testimonio fundamental para el estudio de los acontecimientos relacionados con la insurrección campesina de 1932 en El Salvador, *Miguel Mármol*, y una novela-*collage* titulada *Pobrecito poeta que era yo*.

Rubén Darío (1867-1916) Nació en Nicaragua y fue el poeta modernista que cambió la ruta de la poesía de América Latina. Se llamaba Félix Rubén García Sarmiento, pero adoptó el nombre de Rubén Darío. Autor de una extensa obra literaria, muchos de sus poemas, algunos de sus cuentos y artículos periodísticos han sido traducidos al inglés, francés, italiano, portugués, alemán y lenguas escandinavas.

Carolina Escobar Sarti (1960-) Escritora y poeta guatemalteca, es catedrática universitaria y maestra. En 1978 ganó el premio por reportaje periodístico en el Festival de Primavera y en el 2000 el premio UNICEF a la comunicación. Publicó las antologías de poemas *La penúltima luz* y *Palabras sonámbulas* y desde 1993 ha publicado más de 300 artículos de prensa y ensayos en páginas editoriales y en revistas nacionales e internacionales.

Alfredo Espino (1900-1928) Poeta nacido en El Salvador. En *Jícaras tristes* se recopilaron los 96 poemas que escribió. Este libro, publicado en 1930, de manera póstuma, se convirtió en el preferido de muchos salvadoreños.

Julia Esquivel (1930-) Poetisa y teóloga nacida en Guatemala, ha trabajado con organizaciones para los derechos humanos y sus poemas se han traducido al inglés y a otros idiomas. Su primer libro de poemas, *Amenazado de resurrección*, se publicó en inglés con el título *Threatened with Resurrection* y su obra *Florecerás Guatemala* con el título *The Certainty of Spring*.

Francisco Feliciano-Sánchez (1950-) Nació en Puerto Rico y es educador, bibliotecario y director del taller educativo Aspira. Desde hace años viene trabajando en pro de la educación de los niños de bajos ingresos y de la participación de las minorías en la educación universitaria. Entre sus obras se cuentan: *Los poemarios místicos*, *Del lenguaje de la piedra* y *Enén: el barquito de papel*.

Emilia Gallego Alfonso (1946-) Nació en Cuba y sus obras *Y dice una mariposa* y *Sol sin prisa* fueron galardonadas con el premio de poesía La Edad de Oro en 1981 y en 1985, respectivamente. Su antología de poemas *Para un niño travieso* ganó el premio de literatura infantil 1981 del Departamento de Actividades Culturales de la Universidad de La Habana.

Otto-Raúl González (1921-2007) Prolífico poeta, narrador y ensayista guatemalteco; autor de al menos 35 libros, entre los que se cuentan: *Voz y Voto del geranio*, *A fuego lento*, *El hombre de las lámparas celestes* y *La siesta del gorila y otros poemas*. Su obra trata temas de orden social con un simbolismo sutil y un profundo sentido crítico.

Nicolás Guillén (1902-1989) Nació en Cuba. Sus primeros poemas datan de la década de 1930. Se convirtió en el representante más destacado de la poesía afroantillana y sus preocupaciones evolucionaron hacia temas políticos y sociales reflejados en *Poemas para niños y mayores de edad*. En *Prosa deprisa* se han recogido sus trabajos periodísticos.

Julio Herrera y Reissig (1875-1910) Poeta uruguayo que se convirtió en el líder del modernismo en su país. Sus *Obras completas (*1911-1913*)* fueron publicadas después de su muerte.

Juana de Ibarbourou (1895-1979). Escritora uruguaya, miembro de la Academia uruguaya de la lengua y ganadora del Premio nacional de literatura 1959, otorgado ese año por primera vez. Conocida como la "Juana de América", publicó varias novelas y las obras para niños: *Ejemplario*, *Libro de lectura* y *Los sueños de Natacha*, entre otras.

Claudia Lars (1899-1974) Claudia Lars es el seudónimo de la escritora salvadoreña Carmen Brannon. Su libro *Estrellas en el pozo*, incluye una sección dedicada a su hijo. En 1955 publicó el poemario *Escuela de pájaros*, obra clásica de la literatura infantil de El Salvador. Autora de la antología para niños *Girasol*, publicó sus memorias con el título *Tierra de infancia*.

Ismael Lee Vallejo (1932-) Nacido en Colombia, es miembro de la Academia Iberoamericana de Letras, Artes y Ciencias. Fue redactor y columnista de los diarios *El Siglo* y *El Espectador* y desde muy joven publicaba artículos editoriales en el diario *La Patria*. Entre sus obras se cuentan *Treinta manuscritos al amor*, *Caricaturas de perfil y de frente* y *El cuero*.

Marcos Leibovich Se sabe muy poco de este poeta, aunque su poema *Con sol y con luna* es muy popular en toda América Latina.

Carmen Lyra (1888-1948) Carmen Lyra es el seudónimo de la poeta costarricense María Isabel Carvajal Quesada. Fue una intelectual que promovió la educación y el arte para los jóvenes. Autora de la obra infantil clásica, *Los cuentos de mi tía Panchita*, dictó cátedra de literatura infantil en el Instituto Normal de Heredia en Costa Rica y vivió exiliada en México hasta su muerte.

Gabriela Mistral (1889-1957) Nacida Lucila Godoy de Alcayaga en Chile, fue maestra de escuelas rurales. Recibió el Premio Nobel de Literatura en 1945, la primera mujer de América Latina laureada con el Nobel. En 1917 ya había publicado y era una poeta y escritora reconocida en Chile. En 1922 publicó la colección de cuentos titulada *Lecturas para Mujeres*, y su primer libro de poesías, *Desolación*. Otras obras conocidas son *Ternura*, *Tala*, y *Lagar*.

Amado Nervo (1870-1919) Considerado uno de los grandes poetas modernistas mexicanos, estudió ciencias, filosofía y leyes. *Místicas* fue su primer libro de versos. Fue diplomático y corresponsal de prensa. Una de las principales características de su obra es el tratamiento de temas patrios mezclados con arte y amor.

Esther María Ossés (1914- 1990) Poetisa y educadora nacida en Panamá. Ha vivido en Argentina, Guatemala y Venezuela y se ha dedicado a promover grupos literarios. Entre sus libros de versos para niños están *Crece y camina*, *La niña y el mar* y *Soles de Maracaibo*.

Nicanor Parra (1914-) Nació en Chile, y ha publicado varios libros, incluyendo uno con la colaboración de su compatriota Pablo Neruda. Su primer libro, *Cancionero sin nombre*, fue publicado en 1938. Catedrático de física teórica en la Universidad de Chile, ha leído sus poemas en Inglaterra, Francia, Rusia, México, Cuba y los Estados Unidos.

Octavio Paz (1914-1999) Fue un prolífico escritor y poeta mexicano. Gran promotor de la cultura, fundador de revistas literarias, catedrático y periodista, Paz fue un líder de las letras en América Latina y su obra fue reconocida con el Premio Nobel de Literatura en 1990. En sus ensayos, de temática diversa, se destacan sus estudios filosóficos sobre el mexicano y su teoría literaria.

Rafael Pombo (1883-1912) Poeta, traductor y fabulista nacido en Colombia. Se le considera el poeta infantil clásico de la literatura colombiana. Sus libros *Cuentos pintados* y *Cuentos morales para niños formales* son de un gran sentido moral y recrean historias llenas de humor, fantasía.

Aramís Quintero (1948-) Nació en Cuba. Poeta, narrador y ensayista, se licenció en letras hispánicas en la Universidad de La Habana. Ha publicado más de quince libros y sus obras para niños y jóvenes *Días de aire* y *Maíz regado* recibieron el Premio Nacional "La Edad de Oro" en 1982 y en 1983 respectivamente. Otras obras para niños incluyen: *Fábulas y estampas* y *Letras mágicas*.

Manuel Felipe Rugeles (1903-1959) Distinguido escritor venezolano y fundador de la revista infantil *Pico-Pico*. Su libro *Canta Pirulero*, que vio la luz en 1950, está considerado un clásico de las letras infantiles en Venezuela. Entre otras obras destacadas se cuentan *Canto a Iberoamérica*, *Cantos del sur al norte*, y su obra póstuma *Dorada estación* (1961).

Clarisa Ruiz (1955-) Nació en Colombia donde realizó estudios de comunicación social en la Universidad Jorge Tadeo Lozano; luego realizó estudios de filosofía en la Universidad Nacional de Bogotá y en la Sorbona de París. Se ha destacado en el medio cultural colombiano y entre sus obras infantiles se cuentan: *Traba la lengua la traba*, *Palabras que me gustan*, *El libro de los días* y *El gato con botas*.

Excilia Saldaña (1946-1999) Ensayista y poetisa cubana, fue autora de los libros *Cantos para un mayito una paloma*, Premio nacional de literatura infantil Ismaelillo 1979, y *La noche*, reconocido con el mismo premio en 1989. En 1987 publicó *Kele-kele*, una colección de narraciones para jóvenes inspiradas en la mitología yoruba.

Enrique Solano Rodríguez (1940-) Poeta y editor nacido en Perú, es director nacional de la Asociación Peruana de Literatura Infantil y Juvenil. Ha editado numerosas obras entre las que se cuentan *Agonías rebeldes*, *Sonajas de paz y otros poemas*, *Poetas a los niños de América*, y *Definiciones y otros poemas*.

Alfonsina Storni (1892-1938) Poetisa que nació en Suiza y vivió en Argentina, fue maestra y periodista. Publicaba con el seudónimo de Tao Lao.

Froilán Turcios (1875-1943) Poeta hondureño que en 1894 fundó el semanario *El pensamiento*. Dirigió el semanario *El tiempo* y la revista de artes y letras *Esfinge*. Fue miembro del gobierno y embajador de Honduras en varias ocasiones, además trabajó para promulgar la literatura entre los jóvenes de su país.

Irene Vasco (1952-) Autora colombiana, es promotora de la lectura y de las bibliotecas comunitarias. Fue fundadora y codirectora de Espantapájaros Taller y traductora del portugués de Lygia Bojunga, Ana María Machado y Rubem Fonseca. Entre sus obras se cuentan: *Como todos los días*, *Paso a paso*, *Conjuros y sortilegios* y *Don Salomón y la peluquera*.

Javier Villegas Fernández (1955-) Nació en Perú y su obra *La luna cantora* recibió el Premio Nacional de Educación "Horacio" en 1991. Su trabajo en el mundo de las letras lo hizo merecedor del Diploma de la Biblioteca Nacional del Perú. Actualmente dirige el Centro de Promoción de la Literatura Infantil y la Lectura y es director y editor de la revista *Poroporo*. Entre sus obras se cuentan, también, *Rimando la alegría*, *Repertorio de ternura*, *La flauta del agua* y *Poesía para niños*.

María Elena Walsh (1930-2011) Prominente escritora, compositora y cantante argentina; muy joven publicó su primer libro de poesía *Otoño imperdonable*. Su extensa obra comprende canciones, poesías, guiones de películas y recitales. Su obra ha sido reconocida con premios nacionales e internacionales y además fue nombrada ciudadana ilustre de la ciudad de Buenos Aires. Sus libros han sido traducidos a ocho idiomas.

About the Poets

Humberto Ak'abal (1952-) Born in Guatemala, Ak'abal has published twelve books of poetry. His work reflects the oral tradition of the Mayan K'ikche' from Guatemala and Central America. Ak'abal is world-renowned for his poetic use of onomatopoeia. His work has been translated into several languages and has been recognized internationally. He won the Blaise Cendrars Award in 1997 and was honored with the Canto de América Award by UNESCO in Mexico in 1998.

Óscar Alfaro (1921-1963) Alfaro was a poet, narrator and educator born in Bolivia, where he was regarded as "the children's poet." He worked intensively to promote children's literature. His books include *Cajita de música*, *Alfabeto de estrellas*, *Cien poemas para niños* and *La escuela de fiesta*.

Miguel Ángel Asturias (1899-1974) Born in Guatemala, Asturias was a prominent poet and novelist. In 1925 he translated the Mayan bible *Popol Vuh* into Spanish. He published prodigiously; and some of his most popular books are *Leyendas de Guatemala*, *El señor presidente* and *Hombres de maíz*, which is considered his masterpiece. He won the Nobel Prize for Literature in 1967.

Germán Berdiales (1896-1975) Born in Argentina, Berdiales was a poet, writer and teacher. He explored all genres of children's literature. Some of his most popular books are *Joyitas*, *Fabulario*, *El nené en su corralito*, *Cielo pequeñito* and *Mis versos para la escuela*. He also published many plays for children.

Julia de Burgos (1914-1953) Her full name was Julia Constancia Burgos García. Born in Puerto Rico, Burgos was a schoolteacher, poet and journalist. She chose to live in exile in Cuba and the United States, and died in Harlem, New York, where she was buried anonymously in a common grave. Her most popular books are *Poemas en veinte surcos*, *Canción de la verdad sencilla* and *El mar y tú*. Her poems reflect her lonely life and her profound love of nature.

Víctor Eduardo Caro (1877-1944) Caro was a poet, writer and journalist born in Colombia. He published *A la sombra del alero*, *Sonetos* and *La juventud de Don Miguel Antonio Caro* and *Los números: su historia, sus propiedades, sus mentiras y verdades*.

Carlos F. Changmarín (1922- 2002) Born in Panama, Changmarín studied education, painting and journalism and worked as a teacher. Some of his most popular books are *Socavón*, *Dos poemas*, *Poemas corporales*, *Versos del pueblo* and *Versos de muchachita*. He also wrote novels and published two collections of children's poetry, *Noche buena mala* and *La muñeca de tusa*.

David Chericián (1940-2002) Chericián was born in Cuba. During his youth he worked as an actor in theater, radio and television. Later he worked as chief editor for several magazines. A few well-known composers have written music for his poems. Chericián was awarded the Premio Nacional Cubano de la Crítica in 1983 for his book *Junto aquí poemas de amor*.

Teresa Crespo de Salvador (1928-) A poet and narrator, Crespo is one of the most prominent figures of children's literature in Ecuador. She has published *Rondas*, *Pepe Golondrina*, *Hilván de sueños*, *Novena del Niño Jesús*, *Mateo Zimbaña* and *Ana de los ríos*.

Maya Cu (1968-) Born in Guatemala, Cu has published her work in magazines, newspapers and anthologies. Her first book, *Poemaya*, was published in 1996.

Roque Dalton (1935-1975) Born in El Salvador, Dalton had a short life but published extensively. *La Ventana en el rostro* was his first book and, along with his collection of poems, *Taberna y otros lugares*, won the Casa de las Américas Award in 1969. Dalton published *Miguel Mármol*, a study of the 1932 peasants' insurrection in El Salvador, as well as a collage-novel called *Pobrecito poeta que era yo*.

Rubén Darío (1867-1916) Born in Nicaragua, Darío was a modernist poet who changed the path of Latin American poetry. His full name was Félix Rubén García Sarmiento. He published extensively and many of his poems, stories and articles have been translated into English, French, Italian, Portuguese, German and Scandinavian.

Carolina Escobar Sarti (1960-) Escobar Sarti is a writer, poet and teacher born in Guatemala. In 1978 she won the Festival de la Primavera Award for her journal publications and in 2000 the UNICEF Award in Communication. She has published two collections of poems, *La penúltima luz* and *Palabras sonámbulas*, and since 1993 more than three hundred articles and essays in newspapers as well as national and international magazines.

Alfredo Espino (1900-1928) Espino was born in El Salvador. His ninety-six poems were published after his death in 1930 in a collection called *Jícaras tristes*, which became a literary treasure for many people in El Salvador.

Julia Esquivel (1930-) A Guatemalan poet and theologian, Esquivel has worked with human rights organizations for many years. Her first book of poetry, *Amenazado de resurrección*, was translated into English as *Threatened with Resurrection*; and her second book, *Florecerás Guatemala*, appeared in translation as *The Certainty of Spring*.

Francisco Feliciano-Sánchez (1950-) Born in Puerto Rico, Feliciano-Sánchez is an educator, librarian and director of the Educational Workshop Aspira. He has worked to improve and promote education for children from low-income families, and to promote college education for minority groups. He published *Los poemarios místicos*, *Del lenguaje de la piedra* and *Enén: el barquito de papel*.

Emilia Gallego Alfonso (1946-) Gallego Alfonso was born in Cuba. In 1981 she won the Children's Literature Award given by the Universidad de La Habana, Cuba, Department of Cultural Affairs, for her collection of poems *Para un niño travieso*. She went on to win the Cuban National Poetry Award, La Edad de Oro, for her books *Y dice una mariposa* (1981) and *Sol sin prisa* (1985).

Otto-Raúl González (1921-2007) A prolific Guatemalan poet, narrator and essayist, González has published more than thirty-five books. Some of his most popular titles are *Voz y Voto del geranio*, *A fuego lento*, *El hombre de las lámparas celestes* and *La siesta del gorila y otros poemas*. His work explores social themes critically but with a subtle symbolism.

Nicolás Guillén (1902-1989) Guillén was born in Cuba. His first poems were written in the 1930s, and he became the most prominent figure of Afroantillean poetry. His writings for journals have been collected in *Prosa deprisa*. His later poems, published in *Poemas para niños y mayores de edad*, reflect social and political themes.

Julio Herrera y Reissig (1875-1910) Herrera y Reissig was an Uruguayan poet who became the leader of modernism in his country. His complete works, *Obras completas* (1911-1913), were published posthumously.

Juana de Ibarbourou (1895-1979) Ibarbourou was an Uruguayan writer and member of the Academia uruguaya. She won the country's first national award for literature in 1959. Known as "Juana of the Americas," she published many books and works for children such as *Ejemplario*, *Libro de lectura* and *Los sueños de Natacha*.

Claudia Lars (1899-1974) Claudia Lars was the pen name of Carmen Brannon, a writer born in El Salvador. Her book *Estrellas en el pozo* included a section dedicated to her son. In 1955 she published a collection of poems called *Escuela de pájaros* that has become a classic of children's literature in El Salvador. She was also the author of the anthology for children entitled *Girasol* and wrote her memoirs in *Tierra de infancia*.

Ismael Lee Vallejo (1932-) Born in Colombia, Lee Vallejo is a member of the Iberoamerican Academy of Letters, Arts and Science. He collaborated with the newspapers *El Siglo* and *El Espectador* and, as a young writer, published editorials in the newspaper *La Patria*. His works include *Treinta manuscritos al amor*, *Caricaturas de perfil y de frente* and *El cuero*.

Marcos Leibovich Little is known about this poet, even though the poem *Con sol y con luna* is popular throughout Latin America.

Carmen Lyra (1888-1948) Carmen Lyra was the pen name of the Costa Rican poet María Isabel Carvajal Quesada. She was an intellectual who promoted education and art for young people, and was the author of the classic children's book, *Los cuentos de mi tía Panchita*. She was a professor of Children's Literature at the Instituto Normal de Heredia in Costa Rica and later lived in exile, in Mexico, until her death.

Gabriela Mistral (1889-1957) Born Lucila Godoy de Alcayaga in Chile, she was a rural schoolteacher and a recipient of the Nobel Prize for Literature in 1945, the first Latin American woman to be named a Nobel laureate. By 1917, she was a respected published poet in Chile. In 1922, Mistral published a collection of stories entitled *Lecturas para Mujeres* and *Desolación*, her first book of poetry. She was a prolific writer and published *Ternura*, *Tala* and *Lagar*, among many other books.

Amado Nervo (1870-1919) Nervo was once considered the most important modernist Mexican poet. He studied science, philosophy and law, and his first book of poems, *Místicas*, was published in 1898. Nervo was a diplomat and a correspondent for several Mexican journals. In his poetry, he subtly weaves patriotic themes with art and love.

Esther María Ossés (1914-1990) A poet and educator born in Panama, Ossés has lived in Argentina, Guatemala and Venezuela. She has worked to promote literary groups; and some of her poetry books for children are *Crece y camina*, *La niña y el mar* and *Soles de Maracaibo*.

Nicanor Parra (1914-) Born in Chile, Parra has published many books, including one with his compatriot Pablo Neruda. His first book, *Cancionero sin nombre*, was published in 1938. He was a professor of theoretical physics at the Universidad de Chile and has taught in several universities in the United States. Parra has read his poems in England, France, Russia, the United States, Mexico and Cuba.

Octavio Paz (1914-1999) Paz was a prolific Mexican poet and writer. He worked hard to promote culture and founded several highly regarded literary magazines. He was a scholar, a journalist and a leading writer in Latin America. His work was recognized in 1990, when he was awarded the Nobel Prize for Literature. Paz explored diverse themes in his writings but some of his best-known subjects are Mexican anthropology and literary theory.

Rafael Pombo (1883-1912) Pombo was a poet, translator and fabulist born in Colombia, where he is considered a classic author of children's literature. His books *Cuentos pintados* and *Cuentos morales para niños formales* are full of humor, fantasy and moral values.

Aramís Quintero (1948-) Quintero is a poet, narrator and essayist who was born in Cuba. He studied Hispanic Literature at the Universidad de La Habana and has published more than fifteen books. He was awarded the Cuban National Prize, La Edad de Oro, for his children's book, *Días de aire*, in 1982 and for his book for young adults, *Maíz regado*, in 1983. *Fábulas y estampas* and *Letras mágicas* number among his other books for children.

Manuel Felipe Rugeles (1903-1959) Rugeles was a prominent Venezuelan writer and founder of the children's magazine *Pico-Pico*. His book *Canta Pirulero* is considered a classic of Venezuelan children's literature. Other popular books are *Canto a Iberoamérica*, *Cantos del sur al norte* and *Dorada estación*, which was published posthumously.

Clarisa Ruiz (1955-) Born in Colombia, Ruiz studied Social Communication at the Universidad Jorge Tadeo Lozano, then studied philosophy at the Universidad Nacional de Bogotá and the Sorbonne in Paris. She has worked extensively to promote the arts in Colombia. Her books for children include *Traba la lengua la traba*, *Palabras que me gustan*, *El libro de los días* and *El gato con botas*.

Excilia Saldaña (1946-1999) Saldaña was a Cuban essayist, poet and author. *Cantos para un mayito una paloma* won the Premio Nacional de Literatura Infantil Ismaelillo in 1979, and *La noche* was awarded the same prize in 1989. In 1987 she published *Kele-kele*, a collection of narratives for young adults, inspired by Yoruban mythology.

Enrique Solano Rodríguez (1940-) Solano Rodríguez is a poet and editor who was born in Peru. He is currently director of the Peruvian Association of Children's Literature and has edited many books, including *Agonías rebeldes*, *Sonajas de paz y otros poemas*, *Poetas a los niños de América* and *Definiciones y otros poemas*.

Alfonsina Storni (1892-1938) Storni was born in Switzerland but her family moved to Argentina when she was very young. Writing under the pen name Tao Lao, she became a popular poet in Argentina. She also worked as a teacher and journalist.

Froilán Turcios (1875-1943) Turcios was born in Honduras. He founded the weekly newspaper *El Pensamiento*, and was director of the weekly newspaper *El Tiempo* and of the magazine of arts and letters *Esfinge*. Appointed to various political positions and embassies for Honduras, he worked hard to promote literature among young people in his country.

Irene Vasco (1952-) Born in Colombia, Vasco is the founder and co-director of Espantapájaros Taller. She has worked to promote reading in neighborhood libraries and recreation centers for children and young adults from low-income families. She has translated Lygia Bojunga, Ana María Machado and Rubem Fonseca from the Portuguese. Her books include *Como todos los días*, *Paso a paso*, *Conjuros y sortilegios* and *Don Salomón y la peluquera*.

Javier Villegas Fernández (1955-) Born in Peru, Villegas Fernández won the Premio Nacional de Educacíon "Horacio" in 1991 for his book *La luna cantora*. He received a special mention from the Biblioteca Nacional del Perú and is the director of the Centro de Promoción de la Literatura Infantil y la Lectura. He is also the director and editor of the magazine *Poroporo*. His other books include *Rimando la alegría*, *Repertorio de ternura*, *La flauta del agua* and *Poesía para niños*.

María Elena Walsh (1930-2011) Walsh is a prominent Argentinean writer, composer and singer. In 1947, at the age of seventeen, Walsh edited her first book of poetry *Otoño imperdonable*. Her prolific body of work includes songs, poems, plays, movies and recitals. She has been honored with various national and international awards and was named an illustrious citizen of Buenos Aires. Her books have been translated into eight languages.

ÍNDICE DE POETAS

185

INDEX OF POETS

ÍNDICE DE TÍTULOS

Index of Titles

AGRADECIMIENTOS

Agradezco a mi compañero, José Antonio Ramírez, y a mis hijos, Juan Martín, Natalia y Ana Camila que me regalan besos y sonrisas cada día; a Beatriz Hausner, Andrés C. Leone, Sue Oringel y David Unger, quienes con su arte en las palabras y su sentir en dos culturas tradujeron los poemas al inglés. También agradezco la generosa colaboración que recibí de Enrique Solano Rodríguez y de Javier Villegas Fernández desde Perú, de Sergio Andricaín desde Florida, de Anne Doherty desde Nueva York, de Claudia Ferreira-Talero desde Nicaragua, de Magali Leal de Urdaneta desde Venezuela; y por supuesto, de Patricia Aldana, Nan Froman, Lucy Fraser y Michael Solomon de Groundwood Books, quienes dieron forma a esta antología.

ACKNOWLEDGMENTS

I would like to thank my partner, José Antonio Ramírez, and my children, Juan Martín, Natalia and Ana Camila, who give me kisses and smiles every day. I would like to thank Beatriz Hausner, Andrew C. Leone, Sue Oringel and David Unger, who used their ability with words and feeling for two cultures to translate the poems into English. I would also like to acknowledge the generous collaborations received from Enrique Solano Rodríguez and Javier Villegas Fernández from Peru, Sergio Andricaín and Anne C. Doherty from the United States, Claudia Ferreira Talero from Nicaragua, Magali Leal de Urdaneta from Venezuela and, of course, Patricia Aldana, Nan Froman, Lucy Fraser and Michael Solomon from Groundwood Books, who shaped this collection from beginning to end.

Groundwood Books / House of Anansi Press
110 Spadina Avenue, Suite 801, Toronto, Ontario M5V 2K4
or c/o Publishers Group West
1700 Fourth Street, Berkeley, CA 94710

We acknowledge for their financial support of our publishing program the Government of Canada through the Canada Book Fund (CBF).

Library and Archives Canada Cataloguing in Publication
Mandaderos de la lluvia : poemas de
América Latina = messengers of rain : poems from
Latin America / poems selected by Claudia M.
Lee ; illustrated by Rafael Yockteng.
Includes index.
Original poems in Spanish with English translation.
ISBN 978-1-55498-114-4
1. Children's poetry, Latin American. 2. Children's
poetry, Spanish. I. Lee, Claudia M. II. Yockteng, Rafael
III. Title. IV. Title: Messengers of rain : poems from
Latin America.
PQ7084.M36 2011   j861.008'09282   C2011-901696-6

There are a few poems whose copyright owners have not been located despite diligent inquiry. The publishers would be grateful for information enabling them to make suitable acknowledgments in future printings.

Design by Michael Solomon
Groundwood Books is committed to protecting our natural environment. As part of our efforts, the interior of this book is printed on paper that contains 100% post-consumer recycled fibers, is acid-free and is processed chlorine-free.
Printed and bound in Canada

CPSIA information can be obtained at www.ICGtesting.com
Printed in the USA
LVOW11s1034090915

453439LV00003B/19/P